Alfred Feßler

Fleischfressende Pflanzen für Haus und Garten

Auswahl – Pflanzung – Pflege

Kosmos
Gesellschaft der Naturfreunde
Franckh'sche Verlagshandlung
Stuttgart

39 Farbfotos von J. Apel (1), A. Feßler (6), B. Kahl (1), M. Haberer (4), H. Seibold (3), S. Seidl (17), I. Weber (4) und A. H. P. Weishaupt (3) 14 Zeichnungen von J. Dittmar (11), A. Feßler (2) und aus dem Archiv (1)

Umschlaggestaltung von Edgar Dambacher unter Verwendung eines Dias von S. Seidl.

CIP-Kurztitelaufnahme
der Deutschen Bibliothek

Feßler, Alfred:
Fleischfressende Pflanzen für Haus und Garten : Ausw., Pflanzung, Pflege / Alfred Feßler. – Stuttgart : Franckh, 1982.
   (Kosmos-Florarium in Farbe)
   ISBN 3-440-05070-X

Bild 1, Seiten 2/3. Venusfliegenfalle mit Beute. Foto A. Feßler

Franckh'sche Verlagshandlung, W. Keller & Co., Stuttgart / 1982
© 1982, Franckh'sche Verlagshandlung, W. Keller & Co., Stuttgart
Printed in Italy / Imprimé en Italie / LH 14 os / ISBN 3-440-05070-X
Satz: G. Müller, Heilbronn
Herstellung: Editoria s.r.l., Trento / Italien

Fleischfressende Pflanzen für Haus und Garten

Bild 2, Seite 6. Gemeinschaftsbepflanzung mit *Sarracenia flava* (hinten), *Drosera binata* (Mitte) und *Sarracenia drummondii var. rubra*. Foto S. Seidl

Pflanzen, die Tiere fangen

Viele Pflanzen überleben an extremen Standorten dank ihrer Fähigkeit, zusätzliche Nahrungsquellen aus dem Tierreich zu erschließen. Sie haben sich im Laufe der stammesgeschichtlichen Entwicklung (Evolution) herausgebildet und entwickelten dabei verschiedene Fangmechanismen, mit denen sie ihre Nahrungstiere, vorwiegend Insekten, festhalten und verdauen. Auf Grund dieser Eigenschaft nennt man sie Fleischfressende Pflanzen oder Karnivoren (lat. carnivor = fleischfressend). Durch ihre heterotrophe Lebensweise können diese Pflanzen Substrate besiedeln, die arm sind an Stickstoff, Phosphor und Schwefel.

Die Entwicklung der Fangmechanismen vollzog sich in sehr langen Zeiträumen. Die natürliche Auslese sorgte dafür, daß sich die Karnivorie in relativ einheitlichen Lebensräumen (Biotopen) entwickelte. Ohne Konkurrenz treten vielfach zwei bis drei Gattungen nebeneinander in der Heide, auf Mooren und Waldlichtungen, in Zisternen epiphytischer Bromelien, im Moosbelag der Baumrinden und auf sterilem Sand, Schiefer oder Kalkstein auf. Im Gegensatz zu anderen Moorbesiedlern bildet sich bei Insektivoren keine Mykorrhiza an den Wurzeln aus.

Von den 370000 Gefäßpflanzen sind etwa 550 Arten insektenfangend, die zu 16 Gattungen und 7 Pflanzenfamilien gehören:

Familien	Gattungen	Arten
Nepenthaceae	*Nepenthes* (Kannenstrauch)	80
Sarraceniaceae	*Sarracenia* (Schlauchpflanze)	9
	Darlingtonia	1
	Heliamphora (Sumpfkrug)	6
Cephalotaceae	*Cephalotus*	1
Droseraceae	*Drosera* (Sonnentau)	84
	Drosophyllum (Taublatt)	1
	Dionaea (Venusfliegenfalle)	1
	Aldrovanda (Wasserfalle)	1
Lentibulariaceae	*Pinguicula* (Fettkraut)	50
	Utricularia (Wasserschlauch)	275
	Polypompholyx	2
	Biovularia	3
	Genlisea	29
Byblidaceae	*Byblis* (Regenbogenpflanze)	2
Roridulaceae	*Roridula* (Taupflanze)	2

Historisches

1479 in der Handschrift „Macer de herbarium…" des VITUS AUSLASSER wird die *Pinguicula* als „schmalz chrawt" (= Fettkraut) bezeichnet.

1540 starb VALERIUS CORDUS. Er beschrieb den Sonnentau als „rorella" und „salsirorella" (solis ros) = Sonnentau.

1650 FLACOURT, franz. Gouverneur von Madagaskar, bildet in seiner „Geschichte von Madagaskar" *Nepenthes* unter dem Namen *Aramatico* ab.

1747 wird von dem Italiener MONTI *Aldrovanda* beschrieben.

1769 Brief JOHN ELLIS, botanisch und zoologisch interessierter englischer Kaufmann, an LINNÉ, in dem er die Entdeckung von *Dionaea muscipula* mitteilte.

1770 CARL VON LINNÉ widersprach der Mitteilung über Fleischfressende Pflanzen mit der Begründung, daß dies gegen die „gottgewollte Ordnung der Natur" sei.

1782 Der Bremer Arzt A. W. ROTH beschreibt als erster die Bewegung der *Drosera*-Tentakel und ihre Bedeutung für den Insektenfang.

1791 WILLIAM BERTRAM, nordamerikanischer Botaniker in Philadelphia, schrieb in seinen „Reisen durch Nord- und Südkarolina", daß in den *Sarracenia*-Schläuchen viele Insekten gefangen und verdaut werden.

1808 die Gattung *Byblis* von dem englischen Botaniker, Gärtner und Zeichner R. A. SALISBURY in seinem Werk „The Paradisus Londinensis" beschrieben.

1824 *Cephalotus follicularis* von dem französischen Botaniker und Forschungsreisenden BILLARDIÈRE in seiner Schrift „Sertum austrocaledonicum" beschrieben.

1839 PIETER WILLEM KORTHALS, holländischer Botaniker, beschrieb als erster die Kannenfallen von *Nepenthes*.

1854 *Darlingtonia californica* von J. D. BRACKENRIDGE in den Sümpfen Kaliforniens entdeckt.

1874 weist der englische Botaniker Sir JOSEPH DALTON HOOKER die Bildung von proteolytischen Enzymen bei den *Nepenthes* nach.

1875 gab DARWIN in seinem Werk „Insectivorous plants" die erste Gesamtdarstellung über die Insektivorie.

1875 schrieb EDUARD REGEL, Direktor des Botanischen Gartens in St. Petersburg, in der Gartenflora: „Daß die von DARWIN auf die Bewegungserscheinungen bei einigen insektenfangenden Pflanzen aufgestellte Theorie zu jenen Theorien gehört, über die jeder verständige Botaniker und Naturforscher einfach gelacht haben würde – wenn diese Theorie nicht von dem gefeierten DARWIN ausgehen würde… Wir hoffen, daß der kühle Verstand und die gründliche Beobachtung unserer deutschen Forscher diese Theorie, gleich der Theorie der Urzeugung, der Parthenogenesis etc. – bald wieder in den Kasten des wissenschaftlichen Plunders werfen wird, den die ehemaligen Vertreter solcher Theorie selbst am wenigsten öffnen mögen." 1878 schrieb CARL LICHE in einem Brief an den Polen DR. O. FREDLOWSKI über „Menschenfressende Bäume" auf Madagaskar.

1925 erschien in London C. S. OSBORNS Tatsachenroman „Madagascar – Land of the Man-Eating Tree".

Artenschutz

Der Schutz der erhaltenswerten Vielfalt Fleischfressender Pflanzen sollte weltweit befolgt werden! Die Importe von Sarracenien und Dionaeen halten an; von den Hochmooren wird tonnenweise *Sphagnum,* Streu und Torf abgefahren, und viele Sammler schrecken nicht zurück – trotz strenger Naturschutzbestimmungen – sumpfige Moore nach dem Sonnentau zu durchforschen.

Angesichts der bedrohten Pflanzen sei darauf hingewiesen, daß das Washingtoner Artenschutzübereinkommen vom 3.3.1973 über den internationalen Handel mit gefährdeten Arten freilebender Tiere und Pflanzen mit dem Gesetz vom 22.5.1975 auch für die Bundesrepublik Deutschland verbindlich geworden ist! Man wird also bemüht sein, Erhaltungskulturen zu betreiben.

Das Anlocken der Insekten

Um die zur Ernährung notwendigen Insekten anzulocken, bedienen sich die Insektivoren der verschiedensten Lockmittel. Wie die Aasblumen haben sie sich täuschend ähnlich den Fleischfarben angepaßt. Schon der bloße Schein der Sonne genügt, um die Beute mit den schillernden Reflexen der Tentakel-Tröpfchen zu ködern. Mit honig-süßen Duftstoffen werden Fluginsekten und Bodentiere angelockt und in Kannen und Schläuchen festgehalten.

Die „Blumenähnlichkeit" der *Nepenthes*-Kannen übt auf manches Insekt eine unwiderstehliche Anziehungskraft aus: Zuweilen zeigen die Kannen über dem grünen Grundton rotbraune Flecken oder Streifen.

Die „Honigdrüsen" auf der Unterseite des Kannendeckels, der sich als Insektenlandeplatz anbietet, der Kannenaußenseite und die Kragenranddrüsen produzieren ständig Nektar als Anlockungsmittel. Insekten, die versuchen, von den konzentriert auf der Deckelunterseite liegenden Drüsen Nektar aufzunehmen, stürzen sehr leicht ab und fallen in die Tiefe. Die Randdrüsen liegen in Höhlungen des radial gerillten Kragens. Um hier an den Nektar zu gelangen, müssen die Insekten den glatten Rand (Peristom) überklettern – wo sie leicht ausgleiten und in die Kanne stürzen.

Die Sarracenien bilden eine Art „Ameisenfährte", durch die die Opfer von der Außenhaut der Schläuche bis an den schlüpfrigen Rand gelockt werden. Von den glatten Schlauchwänden gleiten die Tiere dann in den Schlauchschlund (Bild 6 und Seite 18). Ein sicheres Verderben droht auch allen Insekten, die sich von der nektarbesetzten „Zunge" der *Darlingtonia californica* dazu verführen lassen, in den Helm einzudringen.

Die „Füllhörner" von *Heliamphora nutans* werden für naschhafte Besucher zu einer mörderischen Falle. Hier werden die Opfer von einem „Honigsegen" und den roten Signalfarben der Fallgruben unwiderstehlich angelockt (Bild 38).

Optische Reize gehen von den karminroten und gelbbraunen Kannen der *Cephalotus follicularis* aus. Empfindlich reagierende Insekten werden von den Nektardrüsen unter dem Kannenrand wie magisch angezogen. Die stark behaarte Außenseite der Kanne und zwei auf dem vorderen Kannenteil herablaufende Flügelleisten dienen den Insekten zum Festhalten (Bild 40).

Die grün- und rotgezeichneten Blätter des Sonnentaus tragen am Rande und auf ihrer Oberfläche zahlreiche Drüsenhaare, die glitzernd in der Sonne funkeln und nach Honig riechen.

Wie morgendlicher Tau flimmern die Drüsenhaare von *Drosophyllum lusitanicum*. Von den honigartigen Gerüchen werden die Insekten wie berauscht.

Eine unwiderstehliche Anziehungskraft üben auch die *Roridula*-Tentakel aus: Insekten, die von der vorgetäuschten Nahrung naschen wollen, gehen der Pflanze im wahrsten Sinne des Wortes auf den „Leim".

Die glitzernde Pracht der klebrigen *Pinguicula*- und *Byblis*-Sekrete wird für die Insekten ebenso zum Verhängnis wie die rotgefärbten *Dionaea*-Blätter und der von den Drüsenhaaren abgesonderte Schleim der *Aldrovanda*-, *Utricularia*- oder *Genlisea*-Arten (Bilder 3, 10, 11, 12, 14, 15, 49).

Bild 3. *Drosera binata*. Foto A. Feßler

Fangmethoden

Die Fleischfressenden Pflanzen lassen sich nach ihren Fangmechanismen in zwei große Gruppen einteilen: in aktive und passive Fallensteller.

Zu den aktiv fangenden Pflanzen gehören: *Dionaea, Aldrovanda, Utricularia, Polypompholyx, Biovularia*. Passiv fangende Pflanzen sind: *Nepenthes, Darlingtonia, Cephalotus, Drosophyllum, Roridula, Genlisea, Sarracenia, Heliamphora, Drosera, Byblis, Pinguicula*.

Aktive Fallensteller fangen nach dem Klapp- und Saugfallenprinzip schwimmende, springende und fliegende Tiere, wobei die millimeterkleinen Saugfallen nur in der Lage sind, Insektenlarven, kleine Krebse, Ruderfüßer und Rädertiere zu schnappen. Die passiven Fallgruben-Pflanzen fangen ihre Beute in Kannen, Krügen und Schläuchen oder arbeiten nach dem alten System der Klebe- und Reusenfallen.

Aktive Fallensteller

Klappfallen	Saugfallen
Dionaea	*Utricularia*
Aldrovanda	*Polypompholyx*
	Biovularia

Passive Fallensteller

Fallgruben	Klebefallen	Reusenfallen
Nepenthes	*Drosera*	*Genlisea*
Sarracenia	*Drosophyllum*	
Darlingtonia	*Byblis*	
Heliamphora	*Pinguicula*	
Cephalotus	*Roridula*	

Ernährung

Bei autotrophen Pflanzen haben die Wurzeln die Aufgabe, die Pflanze im Boden zu verankern und in Wasser gelöste Nährstoffe aus dem Boden aufzunehmen. Bei einem Großteil der Fleischfressenden Pflanzen haben die Wurzeln nur noch als Hauptfunktion, die Pflanze im Boden zu verankern *(Pinguicula);* die Nährstoffaufnahme hat sich in diesen Fällen fast ganz auf die Fangmechanismen der Blätter und Blüten verlegt. Bei den wasserbewohnenden *Utricularia-* und *Biovularia-*Arten werden überhaupt keine Wurzeln ausgebildet. Hier fällt den Blättern und Saugfallen die Aufgabe der ausschließlichen Wasser- und Nährstoffaufnahme zu. Auch bei der Venusfliegenfalle ist die Fangtätigkeit lebensnotwendig geworden, da die Pflanze nur kurze Wurzelstümpfe mit einem geringen Aufnahmevermögen besitzt, und bei *Drosera* werden die Hauptwurzeln sehr früh durch Nebenwurzeln ersetzt.

Die Liste der in den Fallen gefangenen Tiere ist beachtlich: Viele Insekten und Spinnen, Asseln, Tausendfüßer, Milben, ja sogar kleine Mäuse, Frösche, Eidechsen und junge Vögel müssen ihre Neugier und Naschhaftigkeit mit dem Leben bezahlen. Doch zahlreiche Insektivoren können auch ohne zusätzliche Fleischnahrung gedeihen. Wenn die karnivoren *Drosera-* und *Drosophyllum-*Arten ein aufgedüngtes Pflanzsubstrat erhalten, sind sie auf die Eiweißnahrung der Tiere nicht mehr angewiesen (die Tentakel beginnen dann einzutrocknen). Fleischfressende Pflanzen zu düngen, ist also vielfach produktiver als eine übertriebene Angst vor Nährsalzen. Aus Kulturversuchen geht eindeutig hervor, daß sich *Utricularia-* und *Aldrovanda-*Arten in einem relativ reich belebten Wasser besser entwickeln, und daß der Sonnentau bei Fleischnahrung wesentlich wuchsfreudiger ist. Gefütterte *Droserae* brachten im Gegensatz zu insektenfrei gezogenen Vergleichspflanzen das Dreifache an Trockengewicht, die dreifache Zahl an Blütenständen und ein größeres Gesamtgewicht an Kapseln. Nährstoffe, die nicht im Boden enthalten sind, entnehmen die Pflanzen dem Tierkörper. Die Insektivoren sind nicht nur auf den Stickstoff, sondern auch auf eine zusätzliche Phosphor- und Schwefelnahrung sowie auf die wichtigsten Spurenelemente angewiesen. Es ist denkbar, daß sich die Wurzeln durch die heterotrophe Ernährung der Insektivoren zurückgebildet haben.

Die Zahl der eingefangenen Opfer ist bei einigen *Nepenthes-* und *Sarracenia-*Arten so groß, daß die Beute nicht mehr verdaut werden kann. Sofern Fleischfressende Pflanzen noch echte Saugwurzeln bilden, profitieren nun auch die Wurzeln von der Insektennahrung: Wenn sich die Fallgruben bis an den Rand gefüllt haben und sich die abgestorbenen Kannen und Schläuche zersetzen oder beim Leimrutenfang die toten Tiere mit den Blättern zu Boden fallen, dann wird dieser Organdünger in mineralisierter Form über die Wurzeln aufgenommen und in einem zusammenhängenden Leitungssystem von den Wurzeln in die Blätter geschaffen.

13

Verdauung

In den Verdauungsflüssigkeiten der Fleischfressenden Pflanzen sind verschiedene Enzyme enthalten. Hier eine kurze Übersicht:

Gattungen	Verdauungsenzyme
Nepenthes	Ribonuclease, Lipase, Esterase, Saure Phosphatase, Protease
Sarracenia	Invertase, Protease
Darlingtonia	Protease
Cephalotus	Protease
Drosera	Peroxidase, Esterase, Saure Phosphatase, Protease
Drosophyllum	Peroxidase, Esterase, Saure Phosphatase, Protease
Pinguicula	Ribonuclease, Esterase, Saure Phosphatase, Amylase, Protease
Dionaea	Esterase, Saure Phophatase, Protease
Aldrovanda	Esterase, Saure Phosphatase, Protease
Utricularia	Esterase, Saure Phosphatase, Protease
Genlisea	Esterase, Saure Phosphatase, Protease

Verdauungsdrüsen (Digestionsdrüsen) scheiden etliche Enzyme aus, welche die Eiweißstoffe der gefangenen Insekten peptonisieren und an die wasserleitenden Gewebe abgeben.

Morphologisch weisen die Verdauungsdrüsen beträchtliche Unterschiede auf: Bei den *Nepenthes*-Arten sind sie in die obere Zellschicht der Kanneninnenhaut eingelassen, wogegen beim Sonnentau gestielte Verdauungsdrüsen für die Ausscheidung der Enzyme zuständig sind.

Die Drüsensekretion wird nur durch Stickstoffverbindungen ausgelöst. Wenn von den Klappfallen der *Dionaea*- oder *Aldrovanda*-Arten organische Stoffe eingeschlossen werden, ist es die Harnsäure, die die Abscheidung der Drüsensäfte auslöst. In den *Nepenthes*-Kannen dagegen wird die Hauptlast der Verdauung von Bakterien übernommen, während die Verdauungsdrüsen wahrscheinlich nur wenige Enzyme abgeben. Diese Drüsen entziehen vielmehr als Resorptionsorgane die Nährstoffe aus der Kannenflüssigkeit. Die verdauten Substanzen werden hierbei überraschend schnell von den Nepenthes aufgenommen und in der ganzen Pflanze verteilt.

Die Fangmechanismen

Fallgruben

Nepenthes (Kannenstrauch)

Die *Nepenthes*-Kanne ist aus einem Laubblatt hervorgegangen; der stark verlängerte Blattstiel trägt die Kanne und dient den meisten Arten als Ranke zum Klettern. Der flächenartig verbreiterte Blattgrund übernimmt wie ein normales Laubblatt die Aufgabe der Assimilation (Bild 4).

Nepenthes rajah vom Kina Balu in Borneo bringt es auf Riesenkannen von 20–30 cm Länge und 10–15 cm Breite, während *Nepenthes gracilis* von den sumpfigen Waldrändern Malakkas, Sumatras und Borneos nur Kannen von 4–5 mm Größe hat.

Die Kannenmündung wird in der Jugend von einem Deckel bakteriensicher verschlossen. Später richtet er sich auf und gibt neugierigen Besuchern den Sturz in die Kannentiefe frei. Entgegen mancher Auffassung klappt er beim Tierfang nicht mehr zu. Er steht völlig unbeweglich über der Kannenöffnung und verhindert allenfalls das Eindringen von zu viel Regenwasser. Der Kannenrand und die Deckelinnenseite können auffällig glänzend rot gefärbt sein (Bild 29). Die Kanne wird von zwei bewimperten Flügelleisten verstärkt. Sie dienen als zusätzliche Assimilationsfläche und geben zusammen mit dem verdickten Mündungsrand der Kanne die nötige Festigkeit.

Die Innenseite der Kanne entspricht der

Bild 4. Rankende *Nepenthes fusca*.

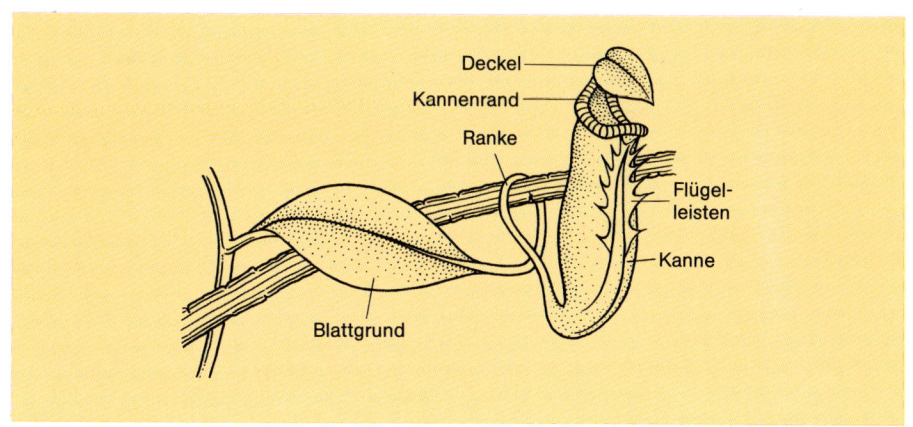

Blattoberseite. Wenn sie der Länge nach aufgeschnitten wird, erkennt man die obere, wenig glänzende, vom Wasser nicht benetzbare Schicht. Etwa in der Mitte verläuft eine scharf ausgeprägte Trennungslinie in horizontaler Richtung. Darunter befindet sich eine glänzende, benetzbare Schicht von drüsiger Beschaffenheit. Bei *Nepenthes villosa* und *Nepenthes edwardsiana* ist der matte Teil auf wenige Millimeter unter dem Kannenrand reduziert, während bei *Nepenthes madagascariensis*, *Nepenthes rajah* und *Nepenthes ampullaria* die ganze Innenfläche aus glänzenden Teilen besteht. Bei *Nepenthes rafflesiana* erkennt man alle Übergänge. Bei einigen Kannen reicht die Drüsenschicht bis zum Rand, der matte Teil nimmt nur einen schmalen Streifen unterhalb des Kannenrandes ein, oder er dehnt sich bis zur Mitte der Kanne aus. Der Kannenrand wird von einem radial gerillten Kragen (Peristom) eingefaßt (Bild 4). Er reicht sowohl in die Kanne hinein als auch weit über sie hinaus. Dem Rand schließt sich eine sehr glatte, wachsüberzogene Gleitzone an. Sie kommt durch die Umwandlung der Spaltöffnungen zustande. Die Schließzellen verlieren die Fähigkeit zum Öffnen und Schließen, eine überwölbt die andere und bildet einen feinkörnigen Wachsüberzug. Bei jedem geringfügigen Zug oder Druck lösen sich die Wachsteile von ihrer Unterlage und verkleben die Füße der eingedrungenen Tiere. Einmal gefangen, ist ein Entrinnen aus den Kannen nicht mehr möglich. Über die glatte Gleitzone können die Tiere nicht hinaufkriechen, und nach unten gerichtete Dornen verhindern ein Erklimmen des Kannenrandes.

Die Verdauungsdrüsen der *Nepenthes*-Kannen entwickeln sich aus einer einzigen Zelle der verdickten Seitenwände. Sie dienen der Sekretion der Kannenflüssigkeit und im unteren Teil der Resorption von aufgelösten Nährstoffen. Die Kannen enthalten bereits vor dem Öffnen des Deckels eine klare Flüssigkeit. Die Menge dieser Flüssigkeit übersteigt kaum 20 ml und hat eine fast konstante Temperatur von 18–19°C. Die in der Flüssigkeit enthaltenen Verdauungsenzyme Ribonuclease, Lipase, Esterase, Saure Phosphatase und Protease wirken stark verdauend.

Die Kannenflüssigkeit diente schon manchen Forschungsreisenden zur Stillung des Durstes. Affen haben die Gewohnheit, die fest verschlossenen Deckel abzuheben und die Flüssigkeit auszutrinken. Die Eingeborenen verwenden den Inhalt junger Kannen bei Magenbeschwerden. Er gleicht in seiner Wirkung reifen Feigen, Käse oder Laktopepsin. Mit Früchten gereicht, gilt Reis, der in *Nepenthes*-Kannen gekocht wurde, als Leckerbissen.

Wenn sich der Deckel öffnet, vermischt sich die Kannenflüssigkeit mit Tau und Regen. Dabei können sich die Fallgruben bis zur Hälfte mit Wasser füllen. Der Tod der in diese Fallen geratenen Tiere tritt durch Ertrinken oder Erschöpfung ein. Er wird beschleunigt durch eine oberflächenaktive Substanz, die die Tiere lähmt und die Körper benetzt, so daß sie sehr schnell absinken. In der enzymreichen Kannenflüssigkeit wird die gelöste Körpersubstanz der Opfer von sehr großen Verdauungsdrüsen resorbiert. Nach 5–8 Stunden sind die Insekten bis auf die Chitinteile verdaut! Untersucht man einmal so eine *Nepenthes*-Kanne, so wird man erstaunt sein, wie viele Tiere hier den Tod gefunden haben:

Insekten, Spinnen, Asseln, Tausendfüßer, Milben, kleine Frösche, Eidechsen und junge Vögel bilden einen dicken Bodensatz, auf dem man viele Insektenlarven herumkriechen sieht. In der Flüssigkeit tauchen lebende Stechmückenlarven, Rundwürmer und Milben auf und nieder. Zu den ständigen Bewohnern der *Nepenthes*-Kannen, den sogenannten Nepenthebionten, gehören in erster Linie die Zweiflügler (Diptera). Von den Resten der gefangenen Tiere ernähren sich aber auch Spinnen, Nematoden und Krebse. Die weißen Larven der Nepenthebionten sind – wie die Eingeweidewürmer der Tiere und Menschen – ausgesprochen resistent gegen die pepsinähnlichen Verdauungsenzyme! Verdaut werden nur die ertrunkenen Tiere, während die in der Kannenflüssigkeit lebenden Nepenthebionten nicht zugrunde gehen.

Sarracenia (Schlauchpflanze)

Wie die Kannen der verschiedenen *Nepenthes*-Arten, so zeigen auch die Schlauchfallen der Sarracenien einen unterschiedlichen Bau. Meist sind sie bogenförmig nach oben gekrümmt, zuweilen kommen aber auch Trompeten- und Becherformen mit bizarren Deckeln und Flügeln vor (Bild 2). Die großen *Sarracenia drummondii* und *Sarracenia flava* erreichen mitunter Schlauchlängen von einem Meter! Auf der Vorderseite tragen sie vielfach mächtig entwickelte Flügel, die ihnen zum einen zur Assimilation, zum andern zur Festigung der Schläuche dienen. Die Hinterwand der Schläuche ist häufig zu einem gewellten, manchmal schirm- oder helmartigen Deckel verlängert, der in der Jugend die Schläuche bakterien- und wasserdicht

Bild 5. *Sarracenia drummondii*. Foto S. Seidl

abschließt. Nach dem Aufrichten verhindern diese Deckel jedoch in den seltensten Fällen das Eindringen von Regenwasser. Meist fangen die blattartigen unbeweglichen Gebilde den einfallenden Regen auf und leiten ihn dem Schlauchgrund zu.

Der Deckel und die oberen Zonen der Schläuche sind auffallend und anlockend gefärbt. *Sarracenia flava* mit ihren zahlreichen Formen ist lebhaft grün, gelb und rot

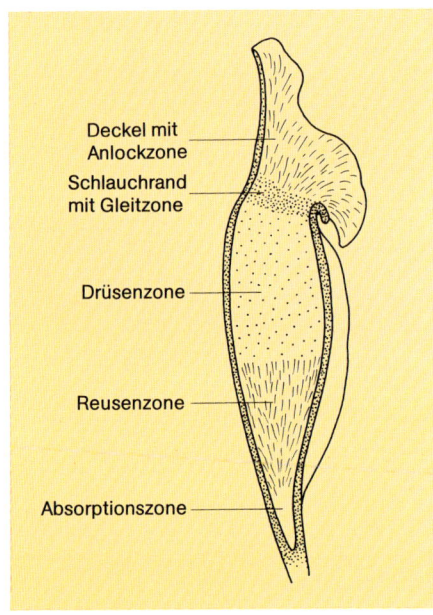

Deckel mit
Anlockzone

Schlauchrand
mit Gleitzone

Drüsenzone

Reusenzone

Absorptionszone

Bild 6. *Sarracenia*. Schematischer Längsschnitt durch den Schlauch.

Die Sarracenien-Schlauchblätter sind in 5 Zonen (Bild 6) unterteilt:
1. Anlockende Zone mit Nektarspur, Spaltöffnungen und Nektardrüsen auf der Deckelinnenseite
2. Schlauchrand mit Gleitzone, die dicht besetzt ist mit abwärtsgerichteten Zellfortsätzen und kurzer, schmierig-glatter Wachsschicht
3. Drüsenzone, in der die Verdauungsenzyme in die Flüssigkeit ausgeschieden werden
4. Reusenzone mit abwärtsgerichteten Haaren
5. Absorptionszone mit 15–20 Drüsen pro mm²

Vor dem Öffnen der Deckel haben sich am Grunde der Schläuche geringe Flüssigkeitsmengen angesammelt. Die abrutschenden Tiere ertrinken meist in dem gesammelten Regen- oder Tauwasser, und nun werden die Verdauungsenzyme Invertase und Protease in die Flüssigkeit ausgeschieden. Die geöffneten Schläuche sind dabei reichlich mit Bakterien versehen. Bei *Sarracenia purpurea* wird die Verdauungstätigkeit sogar in der Hauptsache von der Bakterienflora geleistet.

In der Drüsenzone werden dann die tierischen Substanzen resorbiert. Auch diese Verdauungsflüssigkeit bietet gewissen Fliegenlarven einen Lebensraum, z. B. den Maden der Fleischfliegen. Auch Larven von Motten und Einsiedlerwespen leben hier. Diese Schlauchbewohner sind ein Anreiz für viele Vögel. Wo Sarracenien ungeschützt im Garten stehen, werden sie von Amseln, Staren, Meisen und Rotschwänzchen aufgesucht, die selbst zwischen den Gittern von Schauvitrinen durchschlüpfen oder durch die geöffneten Lüftungsklappen

gefärbt. *Sarracenia drummondii* (Bild 5) und *Sarracenia minor* zeichnen sich durch weiße Flecken und rote Adern aus, und die weitverbreitete *Sarracenia purpurea* ist durch ihre dunkelbraunrote Zeichnung unverkennbar.

Die Beutetiere werden durch diese optischen Lockmittel und durch den Duft zahlreicher Nektardrüsen bis an den schlüpfrigen Rand der Schläuche gelockt. Hier gleiten sie von den glatten Schlauchwänden in den Schlund. Jeder Versuch, an der Innenwand wieder in die Höhe zu kommen, wird durch abwärtsgerichtete, mit feiner Parallelstruktur versehene Haare verhindert!

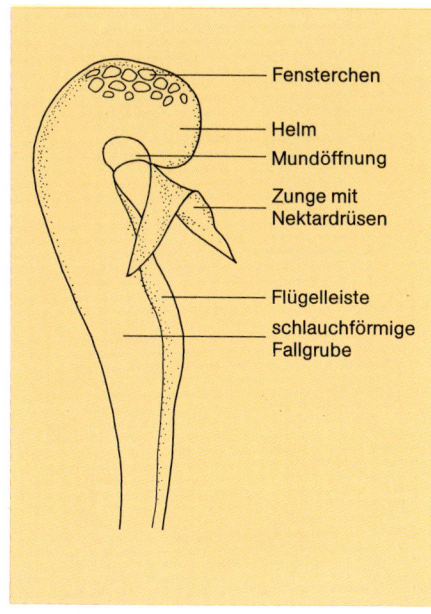

Fensterchen

Helm

Mundöffnung

Zunge mit
Nektardrüsen

Flügelleiste

schlauchförmige
Fallgrube

Bild 7. *Darlingtonia californica.*

in die Gewächshäuser gelangen. Nur eng-maschiger Draht kann die Pflanzen vor die-sen unliebsamen Gästen schützen! Die Vö-gel picken die Schläuche auf, um an die Beutetiere und die Larven in den Schläu-chen zu gelangen. Hier erwartet sie ein stets gedeckter Tisch.

Darlingtonia californica

Auch *Darlingtonia californica* bildet Fall-gruben in Schlauchform. An sehr günstigen Standorten können die Schläuche bis zu ei-nem Meter lang werden. Zur Versteifung befinden sich an den Fallgruben flügelför-mige Längsleisten. Auf den ersten Blick er-scheint die Pflanze wie eine Schlange, die mit ihrer Zunge nach Nahrung sucht. Das

sichere Verderben droht allen Insekten, die von der nektarbesetzten Zunge angelockt werden. Wie der Kopf eines Reptils wölbt sich über den smaragdgrünen Schlauch-blättern eine Kuppe. Diese Helmbildung gestattet nur einen Zutritt von unten. Wenn die Insekten bei der Mahlzeit über die Mundöffnung in den Helm eindringen, so ist das ein Weg ohne Rückkehr. Damit die Insekten nicht vor dem Dunkel der Schlauchhöhlen zurückschrecken, ist der Helm mit durchscheinenden Zellen besetzt (Bilder 7, 36). Beim Abfliegen stoßen die Insekten so lange gegen diese „Fenster-chen“, bis sie erschöpft in den Schlauch fal-len. Der Weg aus dem Schlauch zurück wird ihnen durch abwärts gerichtete Haare und eine Gleitzone versperrt. In einer schleimigen Flüssigkeit werden die gefan-genen Tiere durch eiweißspaltende En-zyme (Proteasen) und durch Bakterien zer-setzt. Die Resorption der Nährstoffe er-folgt direkt durch die kuticularfreien Epi-dermiszellen.

Heliamphora nutans (Sumpfkrug)

Die erdnahen Blätter von *Heliamphora nu-tans* stehen wie Füllhörner in der umgeben-den Sumpfpflanzennachbarschaft (Bild 38). Anstelle eines Deckels sind nur noch Helmrudimente in Form kleiner Kappen am Ende der schräg nach oben auslaufen-den Kannenwand zu sehen. Die röhren-förmigen Fallgruben werden in der Regel 10 cm lang. Zwei flügelartige Leisten die-nen als Stütze und zur Vergrößerung der Assimilationsfläche. Zur Regulierung des Wasserstandes befindet sich zwischen den Flügelleisten in halber Höhe der Fallgru-ben eine kleine Öffnung, durch die das

19

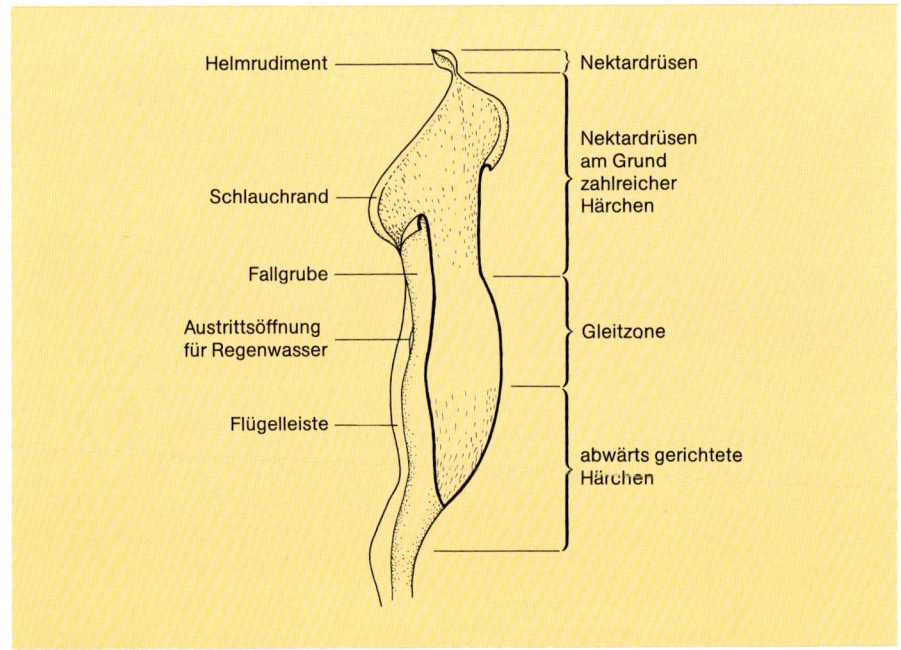

Helmrudiment

Schlauchrand

Fallgrube

Austrittsöffnung
für Regenwasser

Flügelleiste

Nektardrüsen

Nektardrüsen
am Grund
zahlreicher
Härchen

Gleitzone

abwärts gerichtete
Härchen

Bild 8. *Heliamphora*. Schematischer Längsschnitt durch den Schlauch.

Niederschlagswasser abfließen kann. Auch bei Regen ist es also der Beute nicht möglich, über den Schlauchrand zu entkommen.

Das Blattinnere wird in 4 Zonen (Bild 8) unterteilt:

1. Nektar-Drüsen
2. Nektar-Drüsen am Grunde zahlreicher Härchen
3. Gleitzone
4. Spitz abwärts gerichtete Haare

Nach dem Ertrinken der Opfer besorgen Mikroorganismen den Abbau der Tierkörper.

Cephalotus follicularis

Die kleinen Krüge von *Cephalotus follicularis* erscheinen wie Miniaturausgaben der großen *Nepenthes*-Kannen. *Cephalotus* ist eine terrestrische Rosettenpflanze (Bild 40) mit etwa 2–5 cm langen Krugblättern (Ascidien). Diese „Ascidien" sind lebhaft karminrot, weiß und grün gefärbt und mit vier bewimperten Flügelleisten und einem unbeweglichen Deckel versehen.

Spitze Rillen auf dem Kannenrand (Bild 9) erleichtern den Sturz in die Grubentiefe. Rillen mit einwärtsgerichteten Häckchen und ein schmierig-glatter Wachsbelag verhindern das Herauskriechen der gefangenen Insekten. Am Grunde der Krugblätter erhebt sich auf beiden Seiten ein deutlich begrenztes Gewebepolster mit zwei verschiedenen Drüsentypen, die Protease, ein eiweißspaltendes Enzym, ausscheiden. Auch *Cephalotus follicularis* bedient sich der Bakterien als Verdauungshelfer. Die Resorption der Nährstoffe erfolgt durch spezielle Drüsenpolster.

Auf der Innenseite der Krugblätter lassen sich drei Zonen unterscheiden:

1. Kannenrand
2. Gleitzone
3. Verdauungszone

Bild 9. *Cephalotus follicularis.*

Klebefallen

Drosera (Sonnentau)

Der Sonnentau fängt seine Beute mit Hilfe von klebrigen Tentakeln, die schneckenfühlerartig auf den Blättern sitzen. Bei diesen Tentakeln handelt es sich um abgewandelte Blattpartien mit Leitgewebe und chlorophyllhaltigen Zellen. Bei der Reife des Blattes sammeln sich an jedem Drüsenköpfchen der Tentakel schleimig-zähe Sekrettröpfchen (Bilder 3, 41), die mit ihrem Honigduft die Beutetiere anlocken. Berührt ein Insekt die Drüsenköpfchen, wird weiteres Sekret gebildet. Bei dem Versuch, sich zu befreien, wird ein Bewegungsreiz an die Nachbartentakel weitergeleitet. Er pflanzt sich zentrifugal nach allen Richtungen der Blattspreite fort. Durch den

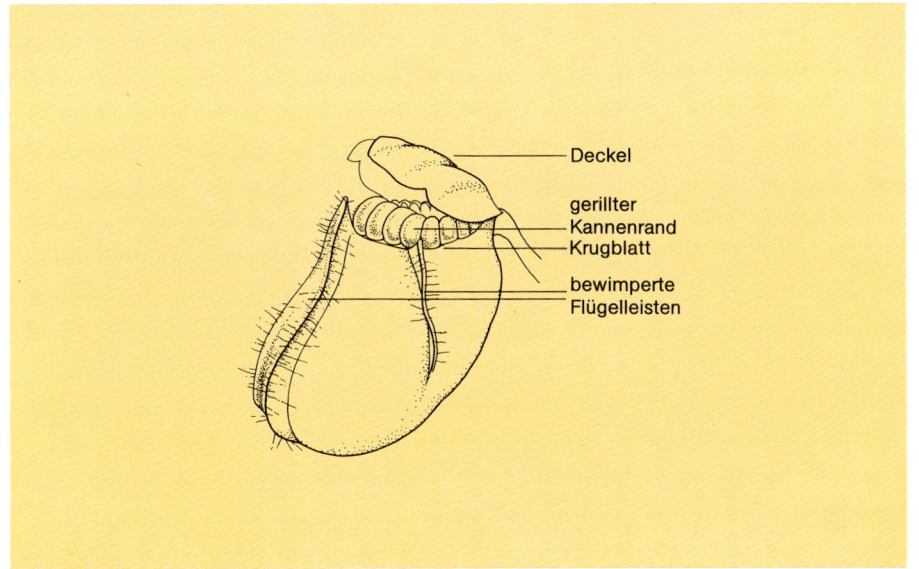

Deckel

gerillter
Kannenrand
Krugblatt

bewimperte
Flügelleisten

21

Berührungsreiz werden die Tentakel veranlaßt, sich einwärts zu biegen und die Beute fest zu umschließen. Bei Wärme schließen sich die Blätter in ca. einer Stunde. Mitunter knickt das Blatt ein und legt sich über das gefangene Tier (Bild 10). Jeder Versuch des Tieres, sich zu befreien, führt zu einer vermehrten Schleimabsonderung der Drüsen.

Von allen Seiten wird das Opfer von Tentakeln umzingelt und im Schleim der Drüsenhaare erstickt.

Die gestielten Drüsen scheiden nicht nur Klebstoff, sondern auch Verdauungsenzyme (Peroxidase, Esterase, Saure Phosphatase und Protease) ab. Wenn nach dem Einfangen eines Beutetieres eine rasche Sekretion erforderlich ist, zerreißt die Zellmembran und gibt zusätzlich Enzyme frei. Alle weichen Teile des Tieres werden dabei aufgelöst und die Verdauungsprodukte durch die Tentakelköpfchen resorbiert. Nach zwei Tagen sind nur noch der unverdaute Chitinpanzer, die Kiefer, Beinschienen und Klauen der Insekten übrig. Wind und Regen reinigen die Pflanze, und die eingekrümmten Fangarme kehren wieder in ihre alte Stellung zurück.

Pro Blatt ist ein Insektenfang nur 3–4mal möglich, dann stirbt das Blatt ab.

Drosophyllum lusitanicum (Taublatt)

Das Taublatt zeigt in mancher Hinsicht ähnliche Eigenschaften wie der Sonnentau. Auch hier sitzen auf der Blattoberfläche

gestielte Drüsen, die im reifen Zustand einen großen Schleimtropfen absondern (Bild 11). Nach dem Einfangen der Beute beginnen ungestielte Drüsen Enzyme freizusetzen. Die kleinen, sitzenden Drüsen bleiben so lange trocken, bis sie gereizt werden. Dann beginnen sie, ein weniger klebriges Sekret mit den Verdauungsenzymen Protease, Peroxidase, Esterase und Saure Phosphatase freizusetzen. Später resorbieren diese Drüsen die Verdauungsprodukte.

Im Verlauf einer Vegetationsperiode fängt ein Taublatt über 1000 Fliegen. Portugiesische Bauern binden vielfach mehrere Pflanzen in Büscheln zusammen, die sie dann als Leimruten an die Decke hängen. Schon nach wenigen Stunden sind Hunderte von Fliegen – von dem honigsüßen Duft der Drüsenhaare angelockt – festgeklebt.

Roridula (Taupflanze)

Roridula-Arten haben zwar sonnentauähnliche Blätter mit schleimabsondernden Tentakeln, die an ihrer Spitze je ein kolbenförmiges Drüsenköpfchen tragen (Bild 12), sie sind jedoch nicht fleischfressend, sondern nur insektenfangend. Mit ihrem balsamähnlichen Klebstoff fangen sie zwar sehr viele Insekten, die unbeweglichen Tentakel sind jedoch nicht in der Lage, die Tiere zu verdauen, da sie keine pepsinabsondernden Drüsen besitzen. Der abgeschiedene Balsam enthält lediglich Kautschuk-Schutzmittel gegen schädlich werdende Raupen und Schnecken. Wozu dann der Insektenfang? Die gefangenen Tiere werden in den Dienst der Bestäubung gestellt: Krabbenspinnen aus der Familie der Thomisidae, die zwischen den Blättern le-

ben, beißen die gefangenen Insekten an und saugen sie aus. Bei dieser Gelegenheit treten sie als Befruchtungsvermittler auf. Die toten Tierkörper fallen mit den abgestorbenen Blättern auf die Erde und dienen hier nun als Pflanzennahrung.

Pinguicula (Fettkraut)

Auf der Blattoberseite der *Pinguicula*-Arten (Bilder 13, 47) kann man bei starker Vergrößerung zwei Arten von Drüsen erkennen: Gestielte Drüsen, die auf das Fangen und Festhalten von Beutetieren spezialisiert sind, und viele über die Blattoberfläche verteilte ungestielte Drüsen, die enzymreiche Verdauungsflüssigkeiten ausscheiden.

Die gestielten „Fangdrüsen" tragen an ihrer Spitze ein Schleimtröpfchen und scheiden bei Berührung ein Mehrfaches ihres Volumens an Klebstoffen aus. Durch den Berührungsreiz, den ein gefangenes Insekt auf die Pflanze ausübt, beginnt sich der Innendruck des Blattes zu mindern, und es fängt an, sich von den Seiten her einzurollen und auf diese Weise das festgeklebte Insekt zu umschließen (Bild 47). Die gestielten Drüsen scheiden dabei das Verdauungsenzym Amylase zum Abbau der Stärke aus. Der von der gefangenen Beute ausgehende Reiz setzt bei den ungestielten Drüsen einen Flüssigkeitsstrom in Gang. Die Enzyme Ribonuclease, Esterase, Saure Phosphatase und Protease werden durch Poren auf die Blattoberfläche gespült. Um

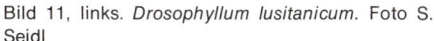

Bild 11, links. *Drosophyllum lusitanicum*. Foto S. Seidl

Bild 12. *Roridula gorgonias*. Foto A. Feßler

25

die Beute bildet sich eine Pfütze (vielfach entsteht eine so große Sekretlache, daß die Flüssigkeit seitlich von den Blatträndern tropft). Wenn die Verdauung abgeschlossen ist, wird die „Nährflüssigkeit" wieder durch die Drüsen und Poren in der Cutinschicht aufgenommen und gelangt über das pflanzliche Gefäßsystem in alle Teile des Fettkrautes.

Nach dieser Sekretions- und Resorptionsphase treten tiefgreifende morphologische Veränderungen an der Pflanze auf.

Beim Fettkraut funktioniert jede Drüse nur ein einziges Mal. Nach 3- bis 4maligem Insektenfang stirbt das Blatt ab.

Byblis (Regenbogenpflanze)

Die *Byblis*-Arten zeigen mit *Drosophyllum* außergewöhnlich viele Gemeinsamkeiten, obwohl beide Gattungen verschiedenen Familien angehören und auf geographisch weit entfernten Kontinenten beheimatet sind.

Drosophyllum lusitanicum und *Byblis liniflora* (Bild 14) teilen eine Besonderheit, die als außergewöhnlicher Zufall verstanden werden kann: Bei keiner anderen Pflanze der Welt findet sich eine schneckenförmige Knospenlage (vernatio circinata), bei der das Blatt von der Spitze nach außen gegen die Basis eingerollt ist.

Die jungen Blätter von *Byblis gigantea* sind ähnlich wie bei den Farnen uhrfederartig nach innen aufgerollt.

Wie das Taublatt sichern sich die *Byblis*-Arten ihre Nahrung mit Hilfe gestielter Drüsen, die zähe, klebrige Schleimtropfen

absondern. Und wie bei *Drosophyllum* setzen die ungestielten Drüsen Verdauungsenzyme noch unbekannter Zusammensetzung frei.

Die Blätter der *Byblis*-Arten stehen im spitzen Winkel zum Stamm. Hier bietet sich hauptsächlich die Unterseite mit ihren gestielten Drüsen dem Insektenfang an; auf der Blattoberseite fehlen sie fast völlig. Bei *Byblis* sind sogar Stämme, Blütenstengel und Kelchblätter mit glänzenden Schleimtropfen besetzt. Die mikroskopisch kleinen Sekretionsdrüsen auf den Blättern und an den Stämmen sind etwas eingesenkt. Die Tentakel mit ihren scheibenförmigen Köpfchen zeigen jedoch keinerlei Reizbewegungen.

Byblis-Arten besitzen die Fähigkeit, eine erstaunlich große Zahl von Insekten auf der ganzen Pflanze zu fangen und zu verdauen.

Klappfallen

Dionaea muscipula (Venusfliegenfalle)

Das Klappfallenprinzip der Venusfliegenfalle erinnert an Tellereisen. Die Pflanze besteht aus einer Grundrosette mit flach am Boden ausgebreiteten Scharnier-Blättern. Diese Klappfallen laden die springenden und kriechenden Insekten und Spinnen oft durch ihre lebhafte Färbung zum Aufkriechen ein. Besonders gefragt sind die gedrungen wachsenden Dionaeen mit den großen roten Blattspreiten (Titelbild). Auf jeder Blatthälfte befinden sich drei kleine Fühlborsten. Verbiegt ein Beutetier beim Aufkriechen nur eine dieser Borsten, so wird ein Schließmechanismus ausgelöst – die beiden am Rande kammartig gezähnten Blatthälften klappen zu. Bei den Venusfliegenfallen sind Blattober- und -unterseite reizbar. Schon Erschütterungen oder eine kräftige Berührung können den Schließmechanismus auslösen. Die Klappbewegung beruht auf einer plötzlichen Turgorzunahme im Innern der Schwellgewebe. Dadurch wird die untere Epidermis bis zu 13 % plastisch gedehnt, die kräftige Oberhaut in der Mitte der beiden Blatthälften jedoch kaum betroffen. Das Gefäßbündel in der Mittelrippe und die obere Epidermis wirken dabei als Widerlager. Die Geschwindigkeit des Insektenfanges hängt von der Gesundheit der Pflanzen und von der Temperatur ab. Kräftige Venusfliegenfallen klappen im Sommer schlagartig zusammen und halten auch flinke Insekten fest. Die stabilen Borsten an den Klappenrändern greifen wie Finger ineinander, und die beiden Blatthälften legen sich so dicht an den Tierkörper, daß seine Umrisse nach außen noch deutlich sichtbar sind. Bei eingeschlossenen Weberknechten und Schmetterlingen ragen nicht selten noch ganze Körperteile – wie Beine und Flügel – aus den Zähnen heraus (Bild 1).

Die auf der Innenseite der Blatthälften befindlichen Drüsen kommen in engen Kontakt mit der Beute, werden gereizt und sondern daraufhin die Verdauungsenzyme Esterase, Saure Phosphatase und Protease ab. Der Sekretionsfluß kann dabei so stark sein, daß die Tropfen an den Blatträndern herausquellen.

Reizen wir die Venusfliegenfalle mechanisch mit einem Grashalm oder einem Bleistift, so klappen zwar die Blatthälften zu, nun aber fehlt der chemische Reiz der Beute, die Saftabgabe durch die Verdauungsdrüsen unterbleibt, und die beiden Blatthälften öffnen sich wieder.

Wurde jedoch ein Insekt eingefangen, oder haben wir die Pflanze mit Fleisch gefüttert, dann bleiben die Blätter oft wochenlang geschlossen. Erst wenn die unverdaulichen Chitinteile der Insekten übriggeblieben sind, öffnet sich die Falle wieder – sie bleibt jedoch die nächsten 1–2 Tage unempfindlich! Vor dem Wiederöffnen werden die Wände der sekretorischen Zellen, die auch die Verdauungsprodukte resorbieren, neu gebildet.

Nach der 2.–4. Verdauung sterben die Blätter ab, es wachsen jedoch ständig neue Blätter nach.

Aldrovanda vesiculosa (Wasserfalle)

Die seltene Wasserpflanze *Aldrovanda vesiculosa* (Bild 15) besitzt ähnlich gebaute Blätter wie *Dionaea muscipula*. Die fast kreisförmige Spreite trägt am Grund beiderseits 4–6 Borsten. Die Blattfläche ist in zwei gleiche Hälften geteilt. Bei einer Berührung der Reizhaare legen sich die beiden Hälften sich zusammen, und die Ränder beginnen, sich fest zu schließen. Auch *Aldrovanda* spricht auf stimulierende Umweltreize an. Die Geschwindigkeit des Insektenfanges hängt wesentlich von der Wassertemperatur ab. Unter 20 °C bleibt das Blatt immer geschlossen. Erst wenn die Temperatur über 25 °C steigt, öffnen sich die Blattspreiten.

Das gereizte Blatt klappt sehr schnell –

Bild 15. *Aldrovanda vesiculosa.* Foto S. Seidl

0,12 Sekunden – zusammen. Dabei pressen sich die sichelförmigen Säume fest aneinander, und die Randzähne sind kreuzweise verschränkt. Bei tieferen Temperaturen klappt das gereizte Blatt so langsam zu, daß kleinere Krebse wieder entweichen können. *Aldrovanda* fängt bei geeigneten Temperaturen massenhaft kleine Krebstiere und Insektenlarven. In dem fest verschlossenen Blatt schwimmen die Tiere in einem konvex nach außen gewölbten Hohlraum noch lange Zeit umher.

Schließlich stirbt das Opfer, die Weichteile werden aufgelöst, und nur Beine, Klauen, Borsten oder Kiemen bleiben noch übrig. Im Herbst sieht man, daß fast alle Blätter mit Schaltierresten gefüllt sind.

Saugfallen

Utricularia (Wasserschlauch)

Utricularia gehört zu den aktiven Fallenstellern.

Bei dem in Moortümpeln vorkommenden Wasserschlauch, der nur seine gelben Blüten über das Wasser hebt, sitzen an den stark zerteilten Blättern kleine, grüne Blasen (Bild 16), die aus Blattzipfeln hervorgegangen sind und ursprünglich als Schwimmkörper betrachtet wurden. Der Zugang in diese Blasen ist mit einer nur nach innen sich öffnenden ventilartigen Klappe wasserdicht verschlossen. Um den Blasenmund stehen an der Außenseite hebelartig wirkende Borsten. Stößt nun ein umherschwimmendes Beutetier an diese Fühlborsten, dann öffnet sich der Klappdeckel nach innen. Ein Wasserstrom, der durch Entspannung der infolge eines Kohäsionsmechanismus von innen elastisch gespannten und daher stark eingedellten Blasenwände zustande kommt, saugt die Beute ins Blaseninnere. Darauf fällt die Klappe zurück und verschließt den Eingang. Nach 15–20 Minuten ist die Falle wieder gespannt, und nach weiteren 90 Minuten kann der Fangmechanismus erneut ausgelöst werden. Die gefangenen Tiere schwimmen bis zu 6 Tagen im Blaseninneren herum, bis sie durch stäbchenförmige Verdauungsdrüsen mit Hilfe der Enzyme Esterase, Saure Phosphatase und Protease verdaut und unter Zurücklassung der Chitinskelette resorbiert werden.

29

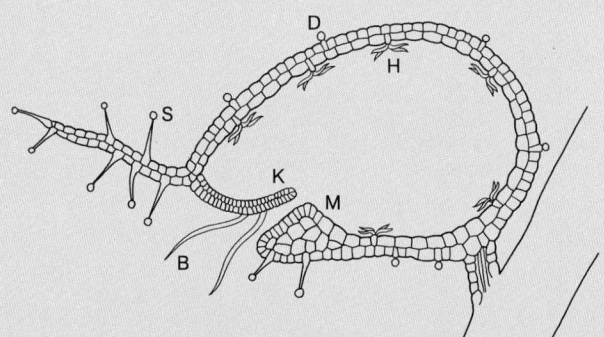

Bild 16, links. *Utricularia* mit Blüten und fangblasenbesetzten Schwimmblättern. Oben: stark schematischer Längsschnitt durch eine Fangblase. B Borsten, D Drüsenköpfchen, H Haare, K Klappe, M Mundöffnung, S Sekrettröpfchen.

Bild 17, unten. *Polypompholyx*. Schematische Längsansicht einer Saugfalle mit dem blasig aufgetriebenen Stengel. Verändert nach Slack.

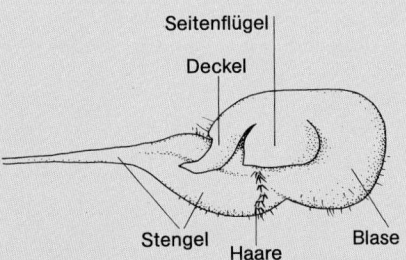

Seitenflügel

Deckel

Stengel

Haare

Blase

Das Blattfiligran des Wasserschlauches bietet den Fischen paradiesische Laichgründe. Dabei kann es vorkommen, daß eben aus dem Ei geschlüpfte Jungtiere am Kopf und Schwanz ergriffen werden. In der Regel sind jedoch Wasserflöhe (Daphnien) und Hüpferlinge (Cyclops) die Opfer des Wasserschlauches.

Polypompholyx

Die beiden *Polypompholyx*-Arten bilden ihre Saugfallen an unterirdischen „Wurzelblättern". Im wesentlichen stimmen diese Saugfallen mit denen des Wasserschlauches überein. Die bestimmenden Unterschiede liegen in den zwei Seitenflügeln und dem in Fallennähe aufgeblasenen Stengel (Bild 17).

Die fangbereite Blase wird zu beiden Seiten von einem schnabelförmigen Klappdeckel verschlossen. Am Rande der Blasenöffnung sitzen Haare. Berührt ein Tier diese Auslöser, dann öffnen sich die Hautklappen und saugen die Opfer in einen der beiden Vorhöfe, in denen nach innen zeigende Haare die Tiere zwingen, in Richtung Blaseninneres weiterzuschwimmen.

Die Verdauungsenzyme von *Polypompholyx* sind ebensowenig bekannt wie die bevorzugten Beutetiere.

Biovularia

Die Saugfallen und Fangmechanismen der *Biovularia*-Arten gleichen stark reduzierten *Urticularia*-Saugfallen und -Fangmechanismen.

Die Verdauungsenzyme und bevorzugten Beutetiere sind noch nicht bekannt.

Bild 18. Genlisea

Reusenfallen

Genlisea

Die *Genlisea*-Arten leben als Wasserpflanzen oder zeitweise untergetauchte Sumpfpflanzen in tropischen Regionen.

Genlisea-Pflanzen besitzen zwei Arten von Blättern: löffelförmige oder lineare Blätter und schlauchtragende Blätter (Bild 18). Ihre Reusenfallen variieren je nach Art von 2,5–15 cm Länge. Die Fallenblätter bestehen aus einem Blattstengel, einem Schlauch oder einer Blase, dem Hals des Schlauches und einem spaltenartigen Mund, der sich in zwei spiralig gewundene Äste fortsetzt. Im Bereich der Mundöffnung liegen Drüsen, die einen Schleim als Anlockmittel für Wassertiere absondern. Durch den spaltenförmigen Eingang und die nach außen gedrehte Spirale gelangen die Beutetiere nach innen, über den Hals des Schlauches und letztendlich in die Blase. Hier werden die Weichteile des Opfers durch die Verdauungsenzyme Esterase, Saure Phosphatase und Protease aufgelöst und resorbiert.

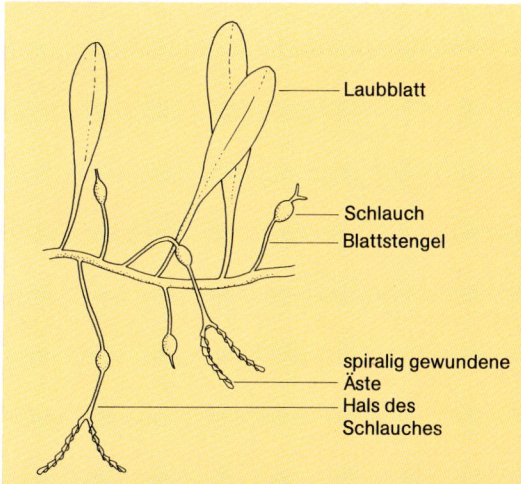

Laubblatt

Schlauch
Blattstengel

spiralig gewundene Äste
Hals des Schlauches

Kulturansprüche

Die Fleischfressenden Pflanzen sind eine „elitäre" Pflanzengruppe mit verhältnismäßig hohen Kulturansprüchen. Als Pflanzsubstrat spielt der Weißtorf eine große Rolle. (Weißtorf kann man überall aus norddeutschen, irischen, finnischen, polnischen oder russischen Herkünften beziehen.) Mit ihm läßt sich die Lauberde, die Heideerde, die Moorerde und die Nadelerde ersetzen. Während der Torf aus den süddeutschen Vorgebirgs- und Alpenmooren einen faserigen Charakter aufweist, setzt sich der pulverförmige Weißtorf fast ausschließlich aus Sumpfmoos *(Sphagnum)* zusammen. In jedem Fall sollte es sich um einen sauren Hochmoortorf mit einem pH-Wert von 3–4 ohne Düngerzugabe handeln!

Für viele Fleischfressende Pflanzen bildet der Weißtorf einen Hauptbestandteil des Substrates. Als Pflanzstoffe finden aber auch die Wurzelfasern des Tüpfelfarns *(Polypodium vulgare)*, Sumpfmoos *(Sphagnum)*, gehacktes Buchenlaub oder Buchenlauberde, Kiefernrinde, Styromull, Perlite und Vermiculite Verwendung. An die Struktur dieser Substrate werden verschiedene Anforderungen gestellt:

Sie sollten eine hohe wasserhaltende Kraft besitzen, luftdurchlässig sein, neutral bis sauer reagieren und nicht zu schnell zerfallen.

Entsprechend müssen auch die Wasserverhältnisse geregelt werden. Der Kalkgehalt des Wassers spielt bei der Haltung von Fleischfressenden Pflanzen eine wichtige Rolle.

Karbonatreiches Wasser mit über 20 Grad deutscher Gesamt-Härte (dGH) läßt sich durch Zusatz von destilliertem oder demineralisiertem Wasser „enthärten". (Zum Messen der Karbonathärte gibt es im Zoofachhandel verschiedene Meßreagenzien, die mit Farbumschlag reagieren.) Mittelhartes Wasser mit 10–20° dGH kann mit Torfmull angesäuert werden. Pro Kubikmeter Wasser und Grad deutscher Härte werden 500 g Torfmull mit einem pH-Wert von 3,0–3,5 in einen Leinen- oder Jutebeutel gefüllt und 24 Stunden ins Wasser gehängt. Gelegentlich muß man den Beutel ausdrücken und das Wasser umrühren. (Meßreagenzien zum Bestimmen des pH-Wertes sind ebenfalls im Zoofachhandel erhältlich).

Wegen der zunehmenden Versalzung unserer Gewässer ist eine Wasserentnahme aus Bächen und Flüssen nicht zu empfehlen. Dagegen ist bei einer nicht zu starken Luftverschmutzung die Verwendung von Regen- oder Schneewasser möglich. Leitungswasser sollten wir nur verwenden, wenn es bis 10° dGH besitzt.

Insektenfangende Pflanzen für Haus und Garten

Die biologische Eigentümlichkeit des Insektenfanges und das Erfolgserlebnis der Kultur Fleischfressender Pflanzen haben zu umfangreichen Sammlungen geführt. In den botanischen Gärten bildet vor allem das wissenschaftliche Interesse die Grundlage für einzigartige Bestände. Der Produktionsgartenbau hat sich bisher kaum mit der Kultur Fleischfressender Pflanzen befaßt. Die wachsende Attraktivität dieser Pflanzen für den Aquarianer eröffnet jedoch zumindest für die Spezialbetriebe eine zusätzliche Einnahmequelle.

Insektenfangende Wasserpflanzen

Der Zwergwasserschlauch (*Utricularia gibba* ssp. *exoleta*) ist für jedes tropische Aquarium geeignet, und in den heimischen Moor- und Torftümpeln läßt sich beim Kleinen Wasserschlauch *(Utricularia minor)* und dem Gemeinen Wasserschlauch *(Utricularia vulgaris)* der Fang von Wasserflöhen Daphnien und Cyclops gut beobachten (Bild 49). Bei Mangel an tierischer Nahrung entwickeln sich die Fangblasen nur unvollständig, oftmals fallen sie sogar von den Blättern ab. Gut ernährte Utricularien bilden gegen Ende des Sommers an den Stengelspitzen Überwinterungsknospen (Hibernakel). Diese Knospen sinken im Herbst auf den Grund des Tümpels und überwintern hier am Boden. Im nächsten Frühjahr kommen sie wieder an die Oberfläche und entfalten sich zu neuem Leben.

In stehenden Gewässern mit torfhaltigem Boden lebt *Aldrovanda vesiculosa* (Bild 15) gesellig zwischen dem Schilf und der Teichbinse.

In flachem Wasser hält sie sich zwischen der Wasseraloë, dem Schwimmfarn, den Laichkräutern, dem Froschbiß sowie zwischen *Utricularia minor* und *Utricularia vulgaris* auf. Sie füllt die Räume zwischen ihren Begleitpflanzen aus und sucht seichtes, nährstoffreiches Wasser, das sich im Sommer auf 25–30°C erwärmt. Fällt die Wassertemperatur unter 20°C, dann sind die Klappfallen geschlossen.

Aldrovanda gelangt nur selten zur Samenreife. Wie die Utricularien bildet auch sie Winterknospen. Wenn die *Aldrovanda*-Pflanzen zerfallen, sinken die Winterknospen zu Boden und ruhen bis zum nächsten Frühjahr auf dem moorigen Grund. Dann bilden die Knospen Blattquirle (Bild 48) und steigen zur Wasseroberfläche hoch.

Entsprechend ihrem natürlichen Vorkommen in Moorseen und Flachmoorsümpfen lassen sich *Utricularia*- und *Aldrovanda*-Arten auch im Sumpfaquarium halten. Hier benötigen sie weiches, leicht saures Wasser. Bei zusätzlicher Kleintiernahrung (Daphnien, Cyclops und andere Krebschen) genügt eine Wassertiefe von 10–50 cm und ein 10 cm starker Bodengrund von $2/3$ Torf und $1/3$ kalkfreiem Grobsand. Wo Fischbrut aufgezogen wird, ist der Wasserschlauch und die Aldrovanda fernzuhalten.

Hochmoor im Trog

Bild 19. *Drosera obovata,* gut geeignet für Hochmoorbepflanzung. Foto M. Haberer

In einem kleinen Biotop lassen sich in Verbindung mit den wasserbewohnenden *Utricularia-* und *Aldrovanda*-Arten auch *Drosera-, Pinguicula-* und *Sarracenia*-Arten halten. Als Kulturgrundlage dient saurer Hochmoortorf.

In der Übergangszone vom Wasser zum Land kommt der Langblättrige Sonnentau *(Drosera anglica)* – oft im Wasser stehend – in den Hochmoorschlenken vor. Der Rundblättrige Sonnentau *(Drosera rotundifolia,* Bild 41) läßt sich zwischen den lebenden Torfmoos-Polstern ansiedeln, während der ziemlich seltene Mittlere Sonnentau *(Drosera intermedia,* Bild 19) und das Gemeine Fettkraut *(Pinguicula vulgaris)* Standorte auf nacktem Hochmoortorf vorziehen.

Natürliche Vegetationsbilder schaffen wir durch Anpflanzung von Rauschbeeren, Heidelbeeren, Moosbeeren und Krähenbeeren, von Rosmarinheide, Glockenheide und Besenheide, Zwerg-Birke, Mehlprimel und Porst. Zwischen dem lebenden Torfmoos erhält der Sonnentau *Drosera rotundifolia* optimale Luftfeuchtigkeit. In den Sumpfmoosrasen gelingt es ihm verhältnismäßig gut, mit gestauchten Erneuerungsknospen zu überwintern. Durch verstärktes Längenwachstum beginnen die Knospen dann im Frühjahr, die im Laufe des Winters höher gewordene Moosdecke zu durchwachsen.

Ist eine Beschaffung von lebendem Torfmoos nicht möglich, läßt sich die Kultur von

34

Drosera rotundifolia auch ohne Mooseinbettung durchführen.

Das „Hochmoor im Trog" kann auch der bedingt winterharten Schlauchpflanze *Sarracenia purpurea* als Biotop dienen. Sie läßt sich einige Zentimeter über der Wasserfläche und in den lebenden Sumpfmoospolstern neben *Drosera rotundifolia* ansiedeln. Auf dem eng begrenzten Raum von Steintrögen, Plastikgefäßen, Beton- oder Asbestzement-Becken können die winterharten Insektivoren in quadratmetergroßen

Bild 20. Hochmoor im Trog. a 30 cm hohe Kiesschicht, b 30 cm hohe Torfschicht mit *Drosera rotundifolia, Drosera intermedia* und *Pinguicula vulgaris* zusammen mit Moosbeere, Glockenheide, Krähenbeere, Porst und Rosmarinheide. c Wasser (10 cm hoch) mit *Utricularia, Aldrovanda* und *Drosera anglica*

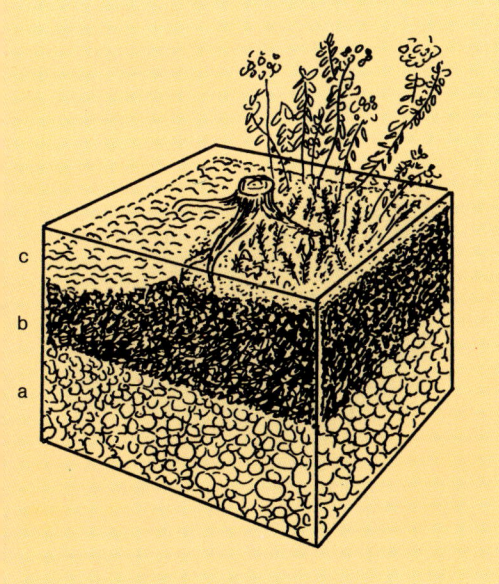

Becken in einer Tiefe von 30–60 cm den Winter überdauern. In diesen Trögen genügt eine 30 cm starke Torfschicht (Bild 20). In tieferen Gefäßen wird der verbleibende Raum unter der Torfschicht mit kalkfreiem Kies aufgefüllt. Die Kiesschicht dient den Pflanzen als Wasserreservoir. An heißen Sommertagen saugt sich der Torf kapillar mit Feuchtigkeit voll. Bei anhaltendem Regen ist ein Ab- und Überlauf sehr nützlich. Zur Kontrolle des Wasserstandes wird ein armdickes Standrohr bis auf den Grund des Beckens gestellt. Mittels dieses Rohres kann man dann die Tröge auch entleeren oder Wasser ein- und nachfüllen.

Die Torfmoos-Arten sind in der Lage, wie ein Schwamm Wasser zu speichern, so daß ein ideales Kleinklima für die Insektivoren entsteht.

Insektivoren-Biotop im Garten

Schon auf kleiner Fläche von etwa 50 m² läßt sich eine Sumpf- und Moorgesellschaft, bestehend aus einem Flachmoor mit Moortümpel und Schlenken, einem Hangmoor und Quellsumpf aufbauen. Besteht der Untergrund aus Knollenmergel, Lehm oder Ton, so kann man die Sumpf- und Wasserpflanzen ohne künstliche Abdichtung ansiedeln. Ist durch den Untergrund kein natürlicher Wasserstau gegeben, so verwendet man zum Beckenbau Kunststoff-Folien oder eine Beton-Abdichtung. Bei genügend Wasser zeigt sich der Sumpfcharakter in seinen verschiedenen Erscheinungsformen. Dabei kann die Anlage aus

35

einem vorbeifließenden Bach oder durch den Einbau von Rieselschläuchen gespeist werden.

Die Pflanzenbenachbarung sollte man nicht dem Zufall überlassen. Unabhängig von ihrer ökologischen Herkunft lassen sich mit *Utricularia minor* und *Utricularia vulgaris, Aldrovanda vesiculosa, Drosera rotundifolia, Drosera anglica, Drosera intermedia* und *Pinguicula vulgaris* Insektivoren-Biotope – ähnlich wie im „Hochmoor im Trog" bilden.

Auch beim Insektivoren-Biotop im Garten spielt der Torf eine große Rolle. Man bringt ihn in einer Substrathöhe von 50–70 cm auf. Eine beachtliche Steigerung des Sumpfcharakters erzielen wir durch den Einbau großer Baumstumpen.

In den Moortümpel gehören *Utricularia* und *Aldrovanda*. Am Tümpelrand siedeln wir zusammen mit *Drosera anglica* die Sumpfwurz, die Scheincalla, den Bitterklee, den Sumpffarn und die Sumpfcalla an. Auf die Moor- und Sumpfflächen pflanzen wir zusammen mit *Drosera rotundifolia* und *Drosera intermedia* den Lungenenzian und den Schwalbenwurzenzian, den Tarant, die Wollgräser und die Schachbrettblume. Den Quellsumpf besiedeln zusammen mit dem Gemeinen Fettkraut *(Pinguicula vulgaris)*, das Sumpfherzblatt, die Liliensimse und die Torfsegge.

Auf die Entwicklung der Sumpfpflanzen haben nicht nur der Säuregrad und die Struktur des Torfsubstrates einen großen Einfluß, sondern auch die Nährstoffzusammensetzung. Vor dem Einbringen des Torfmulls erhält das Substrat eine 0,1%ige Poly-Crescal- oder Alkrisal-Gabe (dies entspricht einer Nährsalzmenge von 1 kg auf 1 m³ Torf, d. h. 4 Ballen Torf). Im An- schluß an die Stickstoff-, Phosphor- und Kalidüngung wird eine Eisen- und Spurenelementgabe in Form von 100 g Radigen/m³ oder 1–2 Liter Gabi Micro T/m³ verabreicht.

Insektivorenkästen im Freien

Wer aus räumlichen oder finanziellen Gründen nicht in der Lage ist, ein Kleingewächshaus in den Garten stellen zu können, kann es mit einer Pflanzenvitrine versuchen. Diese „Insektivorenkästen" (Bilder 21, 22) kommen nicht nur für Wohnräume in Frage, auf dem Balkon, der Terrasse oder im Hausgarten kann man ihnen auch einen sonnigen Platz anbieten.

Wir bepflanzen unsere Vitrinen nach dem „Hochmoorprinzip":

Das Substrat wird in eine ca. 50 cm hohe Asbestzement- oder Kunststoffwanne gefüllt. Nach dem Einfüllen des Torfes belegt man diesen mit lebendem *Sphagnum*. Die Insektivoren kommen in den Vitrinen auch ohne eine Sumpfmoosabdeckung durch den Sommer.

Versehen mit Hügeln und Senken, eingebauten Baumstrünken und Begleitpflanzen wie Wollgras, Heidekraut und Heidelbeeren, Rosmarinheide und Seggen, lassen sich die Vitrinen mit *Sarracenia*-Arten und ihren Sorten, *Darlingtonia californica* (Bild 23), *Cephalotus follicularis* (Bild 40), sämtlichen *Drosera*-Arten, *Drosophyllum lusitanicum, Pinguicula alpina* (Bild 46), *Pinguicula grandiflora* und *Pinguicula vulgaris* sowie *Dionaea muscipula* besetzen.

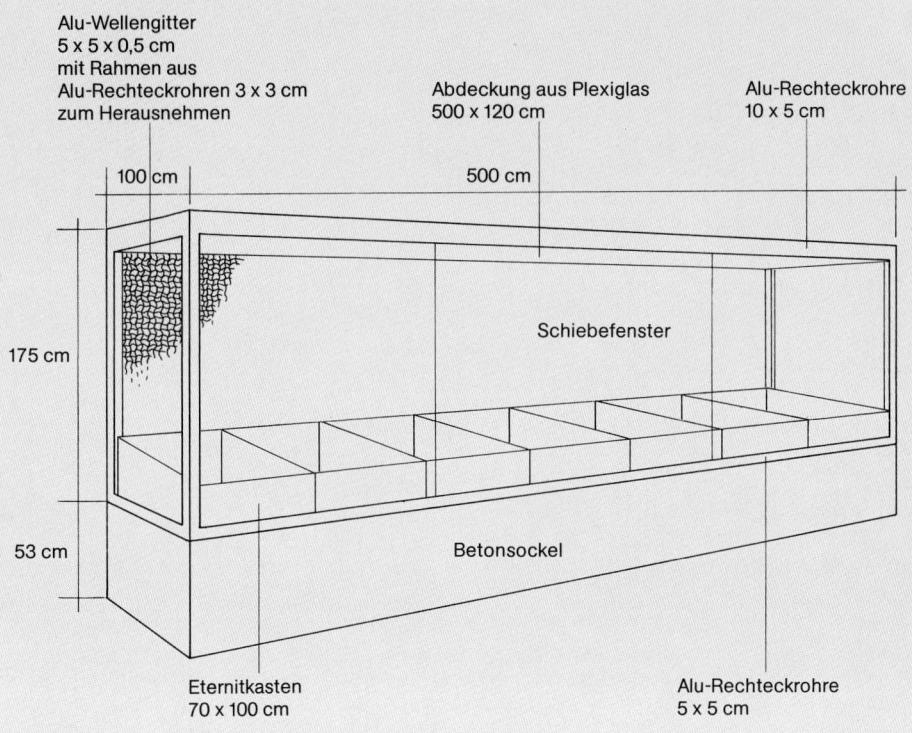

Alu-Wellengitter
5 x 5 x 0,5 cm
mit Rahmen aus
Alu-Rechteckrohren 3 x 3 cm
zum Herausnehmen

Abdeckung aus Plexiglas
500 x 120 cm

Alu-Rechteckrohre
10 x 5 cm

100 cm

500 cm

175 cm

Schiebefenster

53 cm

Betonsockel

Eternitkasten
70 x 100 cm

Alu-Rechteckrohre
5 x 5 cm

Zwischen Mitte April und Mitte Mai werden die Pflanzen mit ihren Töpfen und Schalen in das Substrat eingesenkt. Dank der unterschiedlichen Torfhöhe (Hügel und Senken) lassen sich nun auch die verschiedenen Feuchtigkeitsansprüche erfüllen. Bei einer konstanten Wasserhöhe bilden sich in den Senken Tümpel, die bei einem Wasserstand von 15–30 cm mit *Aldrovanda vesiculosa*, *Utricularia minor* und *Utricularia vulgaris* besetzt werden können. Bei langanhaltender Trockenheit müssen wir unbedingt Wasser nachfüllen (ein kurz-

Bild 21. Insektivorenkasten für Balkon, Terrasse und Hausgarten. Die Pflanzkästen sind aus Eternit und vorne 30, hinten 50 cm hoch, Wandstärke 0,15 cm.

fristiges Absinken des Wasserstandes hat aber auch seine Vorteile: Der Torf wird durchlüftet – doch achte man darauf, daß es beim kurzfristigen Absinken bleibt!).
Im Oktober muß man alle Pflanzen – bis auf die winterharten – aus den Vitrinen herausnehmen und entsprechend den bei den einzelnen Gattungen noch aufgeführten Kulturhinweisen überwintern.

INSEKTENFANGENDE PFLANZEN

Bild 22. Insektivorenkasten im Freien. Foto M. Haberer

Bild 23. *Darlingtonia californica* eignet sich für Insektivorenkästen im Freien. Foto H. Seibold

Im Freien sollten die Insektivoren-Vitrinen mit einer Glasabdeckung und einem Gitterschutz versehen sein. Bei wolkenbruchartigem Regen und Hagel sind sie dann geschützt, und unerwünschte Besucher werden abgehalten. Im Sommer gehen den Insektivoren so viele Tiere in die Fallen, daß die Beute nicht immer sofort verdaut werden kann und sich die Insektenleiber in den Fallen ansammeln – ein gedeckter Tisch für Vögel!

Hier müssen wir für ausreichenden Schutz sorgen, denn Stare, Amseln, Meisen und Rotschwänze picken vom Sonnentau und Taublatt die Beutetiere ab oder hacken sogar die Schläuche und Krüge *(Cephalotus)* auf, um an die ersehnte Mahlzeit zu kommen.

Im Frühjahr müssen wir die Vitrine entleeren und gründlich reinigen. Der bis zum Herbst abgebaute und verdichtete Torf wird durch neues grobes, durchlässiges Substrat ersetzt. Dann erst können wir wieder unsere Pflanzen einsetzen.

Insektivorengarten im Kleinformat

Unter dem Schutz von Fenster- und Plexiglasscheiben lassen sich in einem ausgedienten Aquarium die etwas wärmebedürftigeren Insektivoren wie *Sarracenia drummondii* und *Sarracenia psittacina*, Jungpflanzen von *Darlingtonia californica, Heliamphora nutans* und *Cephalotus follicula-ris,* die subtropischen *Drosera*-Arten, *Byblis gigantea* und *Byblis liniflora, Dionaea muscipula* sowie die nicht winterharten *Pinguicula*-Arten halten (Bild 24).

Die Anlage eines „Insektivorengartens im Kleinformat" kostet wenig Geld. Alles, was an „Minizwergen" von Farnen, Begonien, Maranten, Fittonien, Pellionien und Peperomien mit einem geringen Ausdehnungsdrang anfällt, wird als Begleitflora in diesen Insektivorengarten en miniature gepflanzt. Als Dekorationsmittel eignen sich skurile Aststücke, bizarre Rebhölzer und ausgebleichte Wurzelstücke.

Die Aquarien bekommen als Dränageschicht kalkfreien Kies auf den Boden (1–3 cm hoch) und zum Einsenken der Töpfe ein entsprechendes Fertigsubstrat wie TKS 1, Einheitserde P oder Torf. Das Ganze können wir dann noch mit lebendem Torfmoos abdecken.

Bei der Bepflanzung der Aquarien sollte man sich an die Temperaturangaben der Kulturbeschreibungen halten. In bezug auf die Schattenverträglichkeit kommt es darauf an, die Insektivoren so hell wie möglich zu halten – bei Sonnenschein darf die Hitze den Pflanzen jedoch nicht gefährlich werden!

Damit sich die Luftfeuchtigkeit im Aquarienraum hält, decken wir die „Miniaturgewächshäuser" mit einer Glasscheibe ab. Die gespannte Luft bringt jedoch etliche Gefahren: Die Pflanzen werden anfällig und bei dem unvermeidlichen Schatten wachsen sie zu sehr in die Länge. Die Deckscheiben sollten deshalb leicht abzunehmen sein, damit wir immer wieder für einen Luftwechsel sorgen können und die Pflanzen auch ihre lebensnotwendige Insektennahrung erhalten!

Bild 24. Insektivorengarten im Kleinformat. Foto H. Seibold

Insektenfangende Pflanzen im Zimmergewächshaus

In einer Vitrine von mehr als 1 m² Grundfläche und ca. 100 cm Höhe läßt sich wie im Kleingewächshaus (Seite 43) schon ein ganzer Miniatur-Urwald im Wohnzimmer aufbauen. In einer solchen Vitrine finden die tropischen *Nepenthes*-Arten und ihre Sorten und die land- und baumbewohnenden *Utricularia*-Arten ideale Kulturmöglichkeiten. (Solche Pflanzvitrinen gibt es im Fachhandel in den verschiedensten Größen und Ausführungen – je nach Geschmack und Geldbeutel.)

Die vier- und sechsbeinigen Vitrinen eignen sich sehr gut auch als Wohnzimmer-Dekoration (Bild 25).

Unter dem wärmenden Fenster- oder bruchsicheren Plexiglas sind die Pflanzen vor Zugluft, krassen Temperaturschwankungen und Lufttrockenheit geschützt.

Dennoch sollten wir darauf achten, daß die Quecksilbersäule nicht unter 18°C absinkt und der Zeiger des Hygrometers über der 80%-Marke steht.

Bei unerwartet tiefen Temperaturen kann eine Bodenheizung über die kalten Nächte hinweghelfen. Man kann diese Vitrinen aber auch mit der erwärmten Raumluft aufheizen. In jedem Fall ist dafür zu sorgen, daß bei einer Temperatur von 22–25°C eine Nachtabsenkung auf 18°C erfolgt. Wenn wir den Boden-Temperaturregler um 5° höher als den Raumthermostaten einstellen, dann reichert sich die aufsteigende Wärme in dem feuchten Torf so stark mit Wasser an, daß wir vielfach auf einen Luftbefeuchter verzichten können.

Bild 25. Vitrine mit *Nepenthes*-Bepflanzung. Foto A. Feßler

41

Insektenfangende Pflanzen im Blumenfenster

Bild 26. *Dionaea muscipula* fürs Blumenfenster. Foto M. Haberer

Den Besitzern tropischer und subtropischer Insektivoren ist jedes technische Hilfsmittel recht, um ein optimales Wachstum zu erreichen.

Wer die speziellen Klimaangaben bei der Beschreibung der einzelnen Arten beachtet, kann mit Hilfe des Thermometers das Wachstum und die winterliche Ruhe steuern. Als Wärmequelle bietet sich die Raumheizung an. Durch die Installation von Elektrogeräten ist es nicht schwierig, ein Blumenfester frostfrei zu halten. Sobald die Sonne Kraft gewinnt, reicht ihre Energie zum Beheizen des Blumenfensters aus. Mit zunehmender Sonneneinstrahlung müssen wir dann bald durch gute Schattierung für einen Temperaturausgleich sorgen. In den Sommermonaten wird dies jedoch auch nicht ausreichen, wir müssen dann das Blumenfenster belüften. Entweder wir öffnen das Fenster oder bauen oben und unten eine Klappe ein. Jetzt können wir die Luftumwälzung nutzen: Die warme Luft zieht nach oben ab, und von unten fließt die kühlere Außenluft nach. Zur Wärmedämmung können auch Ventilatoren beitragen, die die Warmluft nach außen und die kühlere Außenluft in das Blumenfenster saugen.

42

Es gibt nun zwei Typen von Blumenfenstern: das geschlossene Blumenfenster und das Blumenfenster, das zur Gartenseite hin zu öffnen ist. Am offenen Blumenfenster läßt sich im wesentlichen die gleiche Insektivorenauswahl wie in den Freilandvitrinen halten. Im Winter sind ja die Temperaturen ohnehin tiefer zu halten. Bei 4–6°C kommen die Sarracenien, *Cephalotus follicularis,* die nicht winterharten *Pinguicula-* und *Drosera-*Arten, *Drosophyllum lusitanicum, Dionaea muscipula* (Bild 26), *Roridula gorgonias* und *Roridula dentata* am besten durch die kalte Jahreszeit. Etwas wärmer (12/15/22°C) wollen *Darlingtonia californica* und *Heliamphora nutans* stehen.
Es ist zweifellos angenehm, daß die meisten Insektivoren im Winter ohnehin etwas kühler stehen sollten – das strapaziert die Heizkostenrechnung nicht zu sehr. Wer mit der Wärme sparsam umgeht, sollte sein Blumenfenster mit Doppelfenstern versehen, respektive ein Isolierglas wie Thermopane, Cudo oder Gado verwenden. Das Luftpolster zwischen diesen beiden Scheiben hat eine so schlechte Wärmeleitfähigkeit, daß im Winter teure Heizkosten gespart werden können. Die hohen Temperaturen eines Tropenfensters entsprechen ohnehin nur den *Nepenthes-* und den land- und baumbewohnenden *Utricularia-*Arten.

Bild 27. *Utricularia coerulea,* ein baumbewohnender Wasserschlauch fürs Kleingewächshaus. Foto S. Seidl

Insektenfangende Pflanzen im Kleingewächshaus

Eine Bepflanzung, die der Natur nachempfunden ist, läßt sich nur in einem Kleingewächshaus, einer hochgezogenen und verglasten Terrasse oder in einem erweiterten Erker darstellen. Hier können sich dann z. B. auch die *Nepenthes-*Arten in ihrer vollen Höhe auswachsen.
Ein gewichtiger Mittelpunkt dieses Kleingewächshauses kann ein Epiphytenstamm mit baumbewohnenden *Utricularia-*Arten (Bild 27) und *Nepenthes* in Hängekörbchen sein. Die Epiphytenstämme werden in einen Tontopf, Holz- oder Plastikkübel gestellt und mit Zement oder Gips eingegossen, so daß sie einen festen Stand bekommen. Die Stämme und Äste lassen sich noch zusätzlich mit dünnen Spanndrähten

43

an der Wand oder der Decke des Gewächshauses befestigen. Zu den Pflanzvorbereitungen gehört auch das Aufstellen von reichverzweigten „Bäumen" und knorrigen Trieben von Wacholdersträuchern und Reben, skurrilen Robinien- oder Eichen-Ästen.

Die Skala der Begleitflora reicht von den Pflanzen des Tropischen Regenwaldes bis zu den Bewohnern nebelfeuchter Gebirge. Eine solche Vielfalt an Pflanzen läßt sich allerdings nur in einem Raum mit automatischer Befeuchtung und thermostatischer Temperaturregelung halten.

Unter Berücksichtigung der land- und baumbewohnenden *Utricularia*-Arten ist es äußerst reizvoll, einen ganzen Insektivorengarten in doppelten und dreifachen Etagen zu pflanzen. Die einen Arten sind bodenbegrünend, andere kletternd oder epiphytisch. Die *Nepenthes* mit ihrem lianenartigen Wuchs gehören allein schon wegen ihrer kannenförmigen Blätter zum Erlebnis eines Kleingewächshauses.

Beschreibung und Kultur der Fleischfressenden Pflanzen

Nepenthes (Kannenstrauch)

Das Verbreitungsgebiet der etwa 80 *Nepenthes*-Arten erstreckt sich zwischen den beiden Wendekreisen von Madagaskar ostwärts über Asien mit dem Schwerpunkt Malaiischer Archipel und von Nordaustralien bis Neukaledonien. In Amerika und Afrika fehlen sie völlig.

Bei den *Nepenthes*-Arten handelt es sich um Bewohner des tropischen und montanen Bergwaldes. Das Hauptverbreitungsgebiet von *Nepenthes gracilis* und *Nepenthes rafflesiana* liegt unter 100 m Seehöhe. *Nepenthes lowii* kommt in einem Gürtel von 1800–2600 m vor, und *Nepenthes villosa* steigt sogar bis auf 3200 m hoch.

Die *Nepenthes* klettern als Lianen mit Hilfe ihrer Kannenstiele im Geäst von Sträuchern und an den Stämmen bis zu 40 m in die Baumkronen, oder aber sie leben als strauchige Erdbewohner.

Nepenthes alata

Vorkommen: Philippinen

Blattgründe schmal, kaum stengelumfassend. Kannen 10–20 cm lang und 2–3 cm breit. Auf der Bauchseite laufen zwei schwach entwickelte, wimperig gezähnte Flügelleisten nach unten. Mundöffnung von schmalem Rand umgeben. Kannen unten ausgebuchtet, grün, obere Hälfte braunrot. Innen deutlich zu erkennen die graue, wachsüberzogene Gleitschicht.

Nepenthes albomarginata

Vorkommen: Malaiischer Archipel
(Sumatra, Borneo)
Blattgründe sitzend, schmal lanzettlich, an
der Basis verschmälert, lederartig, unterseits rötlich filzig behaart. Kannen zylindrisch, trübgrün mit braunroten Flecken.
Kannenrand mit kurzem, weißem Haar-
überzug, vorn mit zwei gewimperten, den
eng geringelten Kannenrand überragenden
Flügeln. Unterhalb des Kannenrandes ein
breites, weißes, samtartiges Band.

Nepenthes ampullaria

Vorkommen: Malaiischer Archipel
(Neuguinea)
Blattgründe lanzettlich oder länglich-keil-
förmig, in einen kurzen Stiel verschmälert,
stark behaart, grau-filzig. Kannen zwischen
5,5 und 11 cm lang, vorn mit zwei geflügelten Nerven, tonnenförmig, grün mit wenigen braunen Flecken. Deckel sehr klein,
länglich-eiförmig und ganz zurückgebogen.
Die häutige Lamelle verläuft am Rand nach
dem Innern der Kanne. Die Sproßachse
wächst zunächst horizontal im Substrat. In
den Blattachseln bilden sich Kurztriebe mit
kleinen ampullenartigen Kannen. Am alten
Holz über der Erdoberfläche ist deshalb
eine starke Anhäufung von kleinen urnen-
förmigen Kannen zu beobachten (Bild 28).

Bild 28. *Nepenthes ampullaria.* Foto S. Seidl

Nepenthes bongso

Vorkommen: Sumatra
Blattgründe sitzend, an der Basis halb stengelumfassend, spatelig-länglich, vollständig glatt oder unterseits behaart; mit 2–3
parallelen Nerven beiderseits der Mittelrippe. Kannen weder geflügelt noch gewimpert, mittelgroß, bis 11 cm lang, trichterförmig, am Kannenrand ausgebaucht.
Kannen grün, etwas braun gefleckt; vorn
mit zwei vorspringenden, bis zum Kannenrand verlaufenden Nerven. Mundöffnung
mit eng zusammenstehenden ringförmigen
Lamellen, pomeranzengelb. Deckel herzförmig bis fast rund.

45

Nepenthes boschiana

Vorkommen: Borneo

Blattgründe länglich oder lanzettlich, in einen langen herablaufenden Stiel verschmälert, vollständig kahl oder unterseits spärlich sternförmig behaart. Beiderseits der Mittelrippe 1–3 Nerven. Kannen mit etwas schräg laufendem Rand, zylindrisch, an der Basis bauchig, grün, in der Jugend vorn mit zwei den Kannenrand überragenden gewimperten Flügeln. Deckel herzförmig bis fast rund, außen flaumig behaart.

Nepenthes distillatoria

Vorkommen: Ceylon

Blattgrunde gestielt, halb stengelumfassend, herablaufend geflügelt, die starke Mittelrippe ausgenommen, mit undeutlichen parallelen Nerven. Kannen röhrenförmig, 8–12 cm lang, 2–4 cm breit, grün bis braunrot, unten ausgebaucht, mit schrägem, eng geringeltem Rand. Deckel rund. Die Flügel verschmälern sich nach oben.

Nepenthes edwardsiana

Vorkommen: Borneo

Blattgründe dick-lederartig, langgestielt, elliptisch. Kannen 30–40 cm lang, weder geflügelt noch gewimpert, zylinderförmig, mit stark schräg laufender Mundöffnung. Kannenrand mit breiten diskusartigen, abstehenden Lamellen, mit verlängertem Hals und herzförmigem Deckel. Kannen an der Basis ausgebaucht.

Nepenthes eustachys

Vorkommen: Sumatra

Blattgründe in einen geflügelten, halb stengelumfassenden Stiel verschmälert, länglich-lanzettlich oder fast keilförmig, an der Spitze abgestumpft, lederig kahl, zu beiden Seiten der Mittelrippe drei schmale Nerven. Kannen mittelgroß, schwach kielartig bis zum Kannenrand geflügelt, röhrig-trichterförmig. Deckel rund, an der Basis leicht herzförmig.

Nepenthes gracilis

Vorkommen: Malakka, Sumatra, Borneo

Blattgründe am dreieckigen Stengel flügelartig herablaufend, lanzettlich, ganz glatt oder unterseits spärlich behaart. Kannen oft nur einige Zentimeter groß, zylindrisch mit etwas schräg laufender Mundöffnung. Deckel fast rund. Kannen mit zwei zackig gewimperten Nerven, dunkelgrün.

Nepenthes khasiana

Vorkommen: Khasia-Gebirge in Bengalen

Blattgrund sitzend, Kannen 10–20 cm lang, 3–4 cm breit, zylindrisch, etwas ausgebaucht, rötlichgrün mit schmalen, gewimperten Flügelleisten.

Nepenthes lowii

Vorkommen: Borneo

Blattgründe dick-lederartig, langgestielt, länglich-lanzettlich. Kannen groß, gekrümmt, an der Basis aufgeblasen, in der Mitte stark zusammengezogen. Außenwand grün, manchmal rotbraun überlaufen. Mundöffnung trichterförmig erweitert, groß, kreisrund. Deckel gewölbt, herzförmig, aufrecht oder leicht nach hinten geneigt.

Nepenthes madagascariensis

Vorkommen: Madagaskar

Blattgründe länglich, an der Basis verschmälert, halb stengelumfassend, kahl mit starken Mittel- und undeutlichen Seitennerven. Nur der Rand junger Blattgründe ist flaumig. Kannen rotbraun gefärbt, ohne geflügelte Nerven, trichterförmig, oben ausgebaucht. Mundöffnung mit breiten, schräg gestreiften Ringen. Deckel rund bis fast nierenförmig.

Nepenthes maxima

Vorkommen: Celebes, Borneo, Neuguinea
Gestielte, stengelumfassende, elliptische Blattgründe mit braungewimpertem Rand. Große Kannen mit stark entwickelten Flügelleisten. Deckel auf der Innenfläche mit einem Dorn und am Grunde mit einem kammartigen Auswuchs. Mundöffnung breit, zackig, glänzend braunrot. Kannen tief schwarzbraun marmoriert und gefleckt. Untere Kannen bauchig, obere mehr schlank und weniger gefleckt.

Nepenthes melamphora

Vorkommen: Java
Blattgründe länglich-eiförmig, zugespitzt, halb stengelumfassend oder auf kurzem, geflügeltem Stiel; oberseits kahl, beiderseits der Mittelrippe drei parallel laufende Nerven; unten fast nervenlos, am Rande fein bewimpert, auf der Mittelrippe sternförmig behaart. Kannen mit stark schräg laufender Mundöffnung, mittelgroß, eiförmig, an der Basis bauchig, vorn mit zwei gewimperten Flügeln. Die oberen Kannen zylindrisch, trichterförmig. Kannenrand ziemlich eng geringelt. Deckel herzförmig bis fast rund.

Nepenthes mirabilis

Vorkommen: S-China über Indochina, Mal. Halbinsel, Sundainseln bis Neuguinea und Queensland
Blattgründe langgestielt, lanzettlich, kahl oder unterseits spinnwebartig behaart, am Rande wimperig-gezähnt, mit zwei bis fünf zur Mittelrippe parallel laufenden Nerven. Kannen vorn mit zwei gewimperten Nerven, zylindrisch-röhrenförmig, ausgebaucht, Mundöffnung eng geringelt. Deckel rundlich-eiförmig.

Nepenthes northiana

Vorkommen: Borneo, an steilen, nackten Felswänden
Blattgründe sitzend, tief herablaufend, stengelumfassend. Kannen 10–35 cm lang und 3–10 cm breit. Die verkehrt-länglich-ovale Mundöffnung wird von einem breit abstehenden welligen Rand umgeben. Auf der Bauchseite laufen zwei wimperig gezähnte Flügel über die ganze Kanne. Untere Kannen breitbauchig, die oberen schlanker und füllhornartig gebogen mit dunkelroten Flecken auf grünem Grund.

Nepenthes rafflesiana

Vorkommen: Malakka, Borneo, Sumatra
Blattgründe langgestielt, länglich oder lanzettlich, kahl, in der Jugend weißfilzig behaart. Kannen an langen Rankenstielen, vorn geflügelt und gewimpert, 10–20 cm lang, 7–12 cm breit, zylindrisch mit stark schräg laufendem Kannenrand. Kannen kahl; Lamellen an der Mundöffnung enge Ringe bildend. Die oberen Kannen (Altersform) groß, füllhornartig, Flügelleisten reduziert, purpurn gefleckt. Die unteren Kannen (Jugendform) an der Basis bauchig, vorn mit zwei gewimperten Flügelleisten. Deckel oval. Anheftungspunkte der Deckel sind in kammartige Lamellen erweitert, die in einen langen Hals ausgezogen sind. Im Innern sind die Kannen bläulich, mit roten Flecken gezeichnet.

Nepenthes rajah

Vorkommen: Borneo

Blattgründe länglich-lanzettlich. Kannen mit stark schräg laufender Mundöffnung. Kannen sehr groß, 20–40 cm lang und 10–15 cm breit, stark behaart, tonnenförmig mit zwei gewimperten Flügeln und sehr breiter, dicht geringelter, tiefroter Kannenmündung. Die ganze innere Fläche drüsig. Deckel groß, eiherzförmig.

Nepenthes reinwardtiana

Vorkommen: Malaiischer Archipel

Blattgründe sitzend, herablaufend geflügelt, lanzettlich, kahl, lederartig mit starker Mittelrippe. Kannen mittelgroß, röhrigtrichterförmig, an der Basis ausgebaucht. Deckel elliptisch.

Nepenthes sanguinea

Vorkommen: Malakka

Wie *Nepenthes northiana*. Lange, lanzettliche Blattgründe und tiefrote oder grünrote Kannen mit Flügelleisten.

Nepenthes stenophylla

Vorkommen: Borneo

Schmaler, kaum stengelumfassender, elliptischer Blattgrund. Kannen 5–15 cm lang und 1½ cm breit. Reicher Kannenansatz. Auf der Bauchseite zwei ziemlich tief zerschlitzte Flügel, laufen die halbe Kanne nach unten. Mundöffnung schief mit schmalem Rand. Deckel kleiner als Kannenöffnung mit knopfähnlichen Fortsätzen an der Innenseite der Basis. Kannen grün mit länglichen rötlichen Flecken.

Nepenthes teysmanniana

Vorkommen: Sumatra

Blattgründe sitzend, kurz herablaufend geflügelt; lanzettlich, lederartig, beiderseits kahl. Kannen nicht geflügelt, nur stark gekielt, röhrig, an der Basis ausgebaucht, grün mit gefärbtem Rand. Deckel am Grunde rund bis leicht herzförmig.

Nepenthes trichocarpa

Vorkommen: Sumatra

Blattgründe lanzettlich, nicht herablaufend, sitzend, halb stengelumfassend, lederartig. Beiderseits auf der Mittelrippe sternförmig behaart. Kannen mittelgroß, elliptisch-trichterförmig, grün, wenig behaart. Deckel rundlich eiförmig, an der Spitze abgestumpft.

Nepenthes veitchii

Vorkommen: Borneo

Blattgründe langgestielt, länglich-oval, fast lederartig, stark behaart, graufilzig. Kannen 12–30 cm lang, 5–8 cm breit, vorn geflügelt und gewimpert, zylindrisch mit stark schräg laufender Kannenmündung. Kannen spärlich rostfarben behaart; Lamellen des Kannenrandes kiemenartig. Kannen an der Basis bauchig, gelblich-grün mit braunroten Flecken. Mundöffnung weit, von kastanienbrauner Farbe. Deckel herzförmig bis eirund.

Nepenthes ventricosa

Vorkommen: Philippinen

Blattgründe linealisch, sitzend, stengelumfassend. Kannen grün oder rötlich angehaucht, in der Mitte eingeschnürt. Mundöffnung oval-rund mit stark geripptem und leuchtend rotbraunem Rand.

Bild 29. *Nepenthes* 'Mixta'. Foto A. H. P. Weißhaupt

Nepenthes villosa

Vorkommen: Borneo

Blattgründe wie bei *Nepenthes edwardsiana*. Kannen vorn geflügelt und gewimpert, groß, zylindrisch, mit schräger Mundöffnung, stark behaart. Kannenrand mit diskusartigen, weit auseinanderstehenden Lamellen. Kannen grün mit purpurnen Flecken, lederartig, stark geflügelt und gewimpert, sonst wie *N. edwardsiana*. Ist möglicherweise eine Altersform von *N. edwardsiana*.

Bild 30. *Nepenthes* 'Mizuho'. Foto S. Seidl

Hybriden

Sorten	Züchter und Jahr	Elternpflanzen
'Amabilis'	1886	*(rafflesiana × ampullaria) × rafflesiana*
'Allardii'	Allard, 1897	*veitchii × maxima*
'Amesiana'	Veitch, 1893	*rafflesiana × (rafflesiana × ampullaria)*
'Arakawae'	M. Toyoshima, 1970	*(northiana × maxima) × alata*
'Atropurpurea'		*sanguinea × maxima 'Superba'*
'Alliottii'		*northiana × maxima*
'Atrosanguinea'	Taplin, 1882	*(distillatoria × gracilis) × khasiana*
'Balfouriana'	Tivey, 1899	*(northiana × maxima) × (sanguinea × khasiana)*
'Bohnickii'	Bonstedt, 1931	*[(northiana × maxima) × maxima] × [(northiana × maxima) × maxima]*
'Boissiana'	Jarry-Desloges, 1905	*[maxima × veitchii] × [mirabilis × (rafflesiana × ampullaria)]*
'Boissiense'	Lecoufle-Bert, 1955	*gracilis × [(gracilis × khasiana) × (rafflesiana × ampullaria)]*
'Carolii-Schmidtii'	Bonstedt, 1931	*(northiana × maxima) × (veitchii × maxima)*
'Chelsonii'	Seden, 1872	*(rafflesiana × gracilis) × (rafflesiana × ampullaria)*
'Chelsonii Excellens'	Tivey, 1900	*rafflesiana × [(rafflesiana × gracilis) × (rafflesiana × ampullaria)]*
'Coccinea'	Taplin, 1882	*(rafflesiana × ampullaria) × mirabilis*
'Compacta'	Taplin, 1881	*(rafflesiana × ampullaria) × mirabilis*
'Courtii'	Court, 1877	*gracilis × (rafflesiana × gracilis)*
'Cylindrica'	Tivey, 1887	*distillatoria 'Rubra' × veitchii*

Sorten	Züchter und Jahr	Elternpflanzen
'Deslogesii'	Jarry-Desloges, 1905	*(maxima × veitchii) × (northiana × maxima)*
'Dicksoniana'	Lindsay, 1888	*rafflesiana × veitchii*
'Director G. T. Moore'	Pring, 1950	*[(rafflesiana × gracilis) × (rafflesiana × ampullaria)] × [rafflesiana × gracilis]*
'Dominii'	Dominy, 1862	*rafflesiana × gracilis*
'Dormanniana'	Taplin, 1882	*mirabilis × (gracilis × khasiana)*
'Dr. D. C. Fairburn'	Pring, 1950	*[(rafflesiana × gracilis) × (rafflesiana × ampullaria)] × [rafflesiana × gracilis]*
'Dr. Edgar Anderson'	Pring, 1950	*[(rafflesiana × gracilis) × (rafflesiana × ampullaria)] × [rafflesiana × gracilis]*
'Dr. John MacFarlane'	Veitch, 1909	*sanguinea × maxima* 'Superba'
'Dyeriana'	Tivey, 1900	*(northiana × maxima) × (rafflesiana × veitchii)*
'Edinensis'	Lindsay, 1888	*rafflesiana × [(rafflesiana × gracilis) × (rafflesiana × ampullaria)]*
'Excelsa'		*veitchii × sanguinea*
'Excelsior'	Taplin, 1885	*rafflesiana × (rafflesiana × ampullaria)*
'Eyermannii'	Siebrecht, 1889	*mirabilis × (rafflesiana × ampullaria)*
'F. W. Moore'	Tivey, 1904	*(northiana × maxima) × (rafflesiana × veitchii)*
'Formosa'	Kew Garden, 1897	*[(rafflesiana × gracilis) × (rafflesiana × ampullaria)] × distillatoria*
'Fournieri'	Gautier, 1903	*northiana × maxima*
'Fukubae'	O. Fukuba, ca. 1914	*(northiana × maxima) × maxima* 'Superba'
'Fukakusana'	M. Toyoshima, 1964	*rafflesiana × dyeriana*
'Fushimiensis'	M. Toyoshima, 1970	*globamphora × thorellii*
'Gamerii'	Jarry-Desloges, 1905	*(maxima* 'Superba' *× veitchii) × (northiana × maxima)*
'Gautieri'	Gautier, 1903	*northiana × maxima*

Sorten	Züchter und Jahr	Elternpflanzen
'Gerald Ulrichi'	Pring, 1950	*(rafflesiana × gracilis) × (rafflesiana × ampullaria)*
'Goebelii'	Bonstedt, 1931	*(northiana × maxima) × maxima*
'Goettingensis'	Bonstedt, 1931	*(northiana × maxima) × (rafflesiana × veitchii)*
'Gojimae'	N. Ikeda, ca. 1939	('Mixta Sanderiana' × *maxima* 'Superba') × *hookeriana*
'Grandis'	Jarry-Desloges, 1906	*maxima* 'Superba' × *northiana* 'Pulchra'
'Harryana'	Naturhybride	*edwardsiana × villosa*
'Henry Shaw'	Pring, 1950	*[(rafflesiana × gracilis) × (rafflesiana × ampullaria)] × [rafflesiana × gracilis]*
'Henryana'	Taplin, 1881	*(gracilis × khasiana) × (rafflesiana × ampullaria)*
'Hibberdii'	Taplin, 1883	*(rafflesiana × ampullaria) × (gracilis × khasiana)*
'Hoelscheri'	Bonstedt, 1931	*(northiana × maxima) × [gracilis × (rafflesiana × gracilis)] × distillatoria* 'Rubra'
'Hookerae'	Taplin, 1895	*rafflesiana × mirabilis*
'Hookeriana'	Naturhybride, 1847	*rafflesiana × ampullaria*
'Hybrida'	Dominy, 1866	*khasiana × gracilis*
'Hybrida Maculata'	Dominy, 1866	*khasiana × gracilis*
'Hybrida Maculata Elongata'	Court, 1877	*gracilis × (rafflesiana × gracilis)*
'Ikedae'	N. Ikeda, ca. 1940	('Mixta Sanderiana' × *maxima* 'Superba') × *dyeriana*
'Intermedia'	Court, 1877	*gracilis × rafflesiana*
'Joseph Cutak'	Pring, 1950	*[(rafflesiana × gracilis) × (rafflesiana × ampullaria)] × [rafflesiana × gracilis]*
'Katagirii'	N. Ikeda, ca. 1930	('Mixta Sanderiana' × *maxima* 'Superba') × *maxima*
'Katharine Moore'	Pring, 1950	*[(rafflesiana × gracilis) × (rafflesiana × ampullaria)] × [rafflesiana × gracilis]*
'Kikuchiae'	K. Okuyama, 1967	*(northiana × maxima) × maxima*

Sorten	Züchter und Jahr	Elternpflanzen
'Kinabaluensis'	Naturhybride	*rajah × villosa*
'Koisoensis'	N. Ikeda, ca. 1939	Selbstbestäubung von 'Oisoensis'
'Krausii'	Bonstedt, 1931	*(northiana × maxima) × (veitchii × maxima)*
'Ladenburgii'	Bonstedt, 1931	*(northiana × maxima) × maxima*
'Lawrenciana'	Taplin, 1880	*mirabilis × (rafflesiana × ampullaria)*
'Leutenat R.B. Pring'	Pring, 1950	*[(rafflesiana × gracilis) × (rafflesiana × ampullaria)] × [rafflesiana × gracilis]*
'Longicaudata'	Jarry-Desloges, 1906	*maxima* 'Superba' *× northiana* 'Pulchra'
'Lyrata'	Court, 1877	*(khasiana × gracilis) × rafflesiana*
'Maria-Louisa'	Gautier, 1903	*northiana × maxima*
'Masamiae'	M. Toyoshima, 1970	*thorellii × maxima*
'Mastersiana'	Court, 1881	*sanguinea × khasiana*
'Mercieri'	Gautier, 1903	*northiana × maxima*
'Merrilliata'	Naturhybride	*merrilliana × alata*
'Minamiensis'	N. Naito, 1964	*(northiana × maxima) × wrigleyana*
'Mino'o'	?, ca. 1930	*ventricosa × (sanguinea × khasiana)*
'Mixta' (Bild 29)	Tivey, 1892	*northiana × maxima*
'Mizuho' (Bild 30)	M. Kondo, 1965	*rafflesiana × dyeriana*
'Morganiana'	Taplin, 1881	*mirabilis × (rafflesiana × ampullaria)*
'Nagoya'	M. Kondo, 1967	*(northiana × maxima) × thorellii*
'Nagoya Variegata'	M. Toyoshima, 1970	*(northiana × maxima) × thorellii*
'Nel Horner'	Pring, 1950	*[(rafflesiana × gracilis) × (rafflesiana × ampullaria)] × [rafflesiana × gracilis]*
'Neufvilliana'	Bonstedt, 1931	*(northiana × maxima) × maxima*
'Nishijimae'	R. Nishijima, ca. 1910	*(northiana × maxima) × (rafflesiana × ampullaria)*
'Nobilis'	Veitch, 1910	*sanguinea × maxima* 'Superba'
'Oisoensis'	N. Ikeda, ca. 1935	'Mixta Sanderiana' *× maxima* 'Superba'

Sorten	Züchter und Jahr	Elternpflanzen
'Outramiana'	Taplin, 1879	*(gracilis × khasiana) × (rafflesiana × ampullaria)*
'Paradisae'	Taplin, 1883	*mirabilis × (rafflesiana × ampullaria)*
'Patersonii'	Saul, 1889	*mirabilis × (rafflesiana × ampullaria)*
'Paullii'	Jarry-Desloges, 1906	*(maxima 'Superba' × veitchii) × (northiana × maxima)*
'Petersii'	Bonstedt, 1931	*(northiana × maxima) × (veitchii × maxima)*
'Picturata'	Tivey, 1903	*(northiana × maxima) × (rafflesiana × veitchii)*
'Pitcheri'	Pitcher & Manda, 1895	*[mirabilis × (rafflesiana × ampullaria)] × [(gracilis × khasiana) × (rafflesiana × ampullaria)]*
'Princeps'	M. Kondo, 1966	*(northiana × maxima) × dyeriana*
'Rafflesiana Pallida'	Court, 1877	*(khasiana × gracilis) × rafflesiana*
'Ratcliffiana'	Court, 1880	*mirabilis × (rafflesiana × ampullaria)*
'Remilliensis'	Jarry-Desloges, 1905	*(northiana × maxima) × (veitchii × maxima)*
'Reutheri'	Bonstedt, 1931	*(northiana × maxima) × (sanguinea × khasiana)*
'Robusta'	Taplin, 1880	*mirabilis × (rafflesiana × ampullaria)*
'Roedigeri'	Bonstedt, 1931	*(northiana × maxima) × maxima*
'Rokko'	G. Yamakawa, 1977	*thorellii × maxima*
'Rubro-Maculata'	Court, 1887	*(khasiana × gracilis) × veitchii*
'Rufescens'	Court, 1888	*[gracilis × (rafflesiana × gracilis)] × distillatoria* 'Rubra'
'Rutzii'	Bonstedt, 1931	*(northiana × maxima) × (veitchii × maxima)*
'Saint Louis'	Pring, 1950	*[(rafflesiana × gracilis) × (rafflesiana × ampullaria)] × [rafflesiana × gracilis]*
'Sakuradae'	A. Sakurada, ca. 1935	*(northiana × maxima) × maxima*

Sorten	Züchter und Jahr	Elternpflanzen
'Sedenii'	Seden, 1872	*gracilis × khasiana*
'Shinjiku'	Y. Okami, ca. 1930	*(northiana × maxima) × wrigleyana*
'Shioji'	M. Kondo, 1966	*(northiana × maxima) × dyeriana*
'Shunkyuensis'	K. Suzuki, ca. 1925	*(rafflesiana × ampullaria) × (northiana × maxima)* ?
'Shinjuku'	?	*[northiana × maxima] × [mirabilis × (rafflesiana × ampullaria)]*
'Siebrechitiana'	Siebrecht, 1889	*mirabilis × (gracilis × khasiana)*
'Siebertii'	Bonstedt, 1931	*(northiana × maxima) × (veitchii × maxima)*
'Simonii'	Gautier, 1903	*northiana × maxima*
'Sprendida'	Pitcher & Manda, ?	*mirabilis × (rafflesiana × ampullaria)*
'Stammieri'	Bonstedt, 1931	*[(northiana × maxima) × maxima] × [(northiana × maxima) × maxima]*
'Stewartii'	Court, 1879	*mirabilis × (rafflesiana × ampullaria)*
'Superba'	Taplin, 1880	*(gracilis × khasiana) × (rafflesiana × ampullaria)*
'Tiveyi'	Tivey, 1897	*maxima 'Superba' × veitchii*
'Toyoshimae'	M. Toyoshima, 1970	*truncata × thorellii*
'Toyotamaensis'	R. Nishijima, ca. 1910	*(northiana × maxima) × rafflesiana*
'Toyotamaensis Inversa'	R. Nishijima, ca. 1910	*rafflesiana × (northiana × maxima)*
'Tsujimoto'	Takarazuka B.G., 1951	*(sanguinea × khasiana) × wrigleyana*
'Vallierae'	Jarry-Desloges, 1905	*(maxima 'Superba' × veitchii) × (northiana × maxima)*
'Ventrata'	Naturhybride	*ventricosa × alata*
'Williamsii'	Taplin, 1880	*(gracilis × khasiana) × (rafflesiana × ampullaria)*
'Wittei'	Witte, 1897	*maxima × stenophylla*
'Wrigleyana'	Court, 1880	*mirabilis × (rafflesiana × ampullaria)*

Historisches

Die *Nepenthes* wurden um die Mitte des 17. Jahrhunderts von dem französischen Gouverneur von Madagaskar, ETIENNE DE FLACOURT, entdeckt. In seiner „Geschichte von Madagaskar" bildete er die von den Madagassen als Poënga benannte Pflanze unter dem Namen *Amramatico* ab. Einige Jahre später fand PAUL HERMANN, der 1669 als Arzt nach Ceylon kam, einige *Nepenthes*. Er sandte sie an den niederländischen Botaniker JAN COMMELIN nach Amsterdam. Gelegentlich eines Besuches des Danziger Kaufmanns und Botanikers JAKOB BREYN (1637–1697) begegnete er diesen *Nepenthes* in den Niederlanden. In seinem „Prodromus" bildete er diese ceylonesische Pflanze mit dem Hinweis ab, daß sie der madagassischen *Amramatico* sehr ähnlich sehe. Die Blätter wurden später von AMMAN unter dem Namen *Bandoera* nachgezeichnet. Die ganze Pflanze wurde 1682 von HERMANN NICOLAUS GRIMM nach Exemplaren, die er nicht weit von Colombo auf Ceylon gesammelt hatte, als „planta mirabilis destillatoria" beschrieben.
Eine ähnliche Pflanze von den Molukken hat der blinde Forscher GEORG EBERHARD RUMPH unter dem Namen *Cantharifera* in seinem von 1741–55 erschienenen fünfbändigen „Herbarium Amboinense" wiedergegeben und dargestellt. CARL VON LINNÉ lag nur die ceylonesische Pflanze vor, während er die *Nepenthes* von Madagaskar und den Molukken aus den Veröffentlichungen von FLACOURT und RUMPH kannte. Wegen ihres übereinstimmenden Pflanzenbaus hat er alle 3 Arten unter dem Namen *Nepenthes distillatoria* beschrieben. Der französische Botaniker POIRET stellte 1797 Artunterschiede fest und benannte die madagassische Art *Nepenthes madagascariens*. Dem von den Molukken stammenden Kannenstrauch gab der englische Botaniker DRUCE den Namen *Nepenthes mirabilis*.
Der Name *Nepenthes* stammt aus dem Griechischen (ne = nicht, penthos = Trauer). Dieses „Kummer oder Trauer lindernd" ist eine Anspielung auf den Kanneninhalt dieser Pflanzen.
LINNÉ selbst mußte mit seiner Artbezeichnung *distillatoria* bereits den Saft als ein Ausscheidungsprodukt der Kannen erkannt haben.

Blüten

Die Familie der Kannenstrauchgewächse (Nepenthaceae) umfaßt nur die Gattung *Nepenthes*.
Der Kannenstrauch ist zweihäusig, d. h., es gibt Pflanzen mit nur männlichen und Pflanzen mit nur weiblichen Blüten. *Nepenthes* bilden endständige, traubige oder trugdoldig-wickelige Blütenstände. Die männlichen Blüten haben 4–16 Staubblätter, die weiblichen Blüten bestehen aus 4 Fruchtblättern, aus denen sich später eine vierkantige, ledrige Kapsel bildet. Zur Zeit der Narben- und Staubblattreife fällt die Pflanze durch den eigentümlichen Mäusegeruch der Blütenstände auf.

Gestalt

Die *Nepenthes*-Kannen sind im Laufe der Evolution aus Laubblättern hervorgegangen. Nach dem Bauplan der Pflanzen entsprechen die Außenwände mit den Spaltöffnungen der Blattunterseite und die Innenwände ohne Spaltöffnungen der Oberseite des Blattes.

Die Kannen können an ein und derselben Pflanze zwei oder drei verschiedene Formen annehmen. Kannen, die den Boden berühren, sind krug- oder urnenförmig. Weiter oben sitzende Kannen sind größer, gestreckt und trichterförmig. Zuweilen findet man an der Pflanze auch noch zylindrisch geformte Zwischenformen.

Der flächenartig verbreitete Blattgrund hat die Aufgabe der Assimilation übernommen. Die Nervatur zeigt den Typus der einkeimblättrigen Pflanzen. Der rankenförmige Teil des Blattes ist eine Fortsetzung des Mittelnerves. Die stark verlängerten Blattstiele tragen die Kannen. Die Stiele sind so sensibel, daß sie sich beim Berühren eines Zweiges spiralförmig um den Ast legen (Bild 4).

Vergleicht man die Dreiteilung der *Nepenthes* mit einem gewöhnlichen Laubblatt, so entspricht der Basalteil (Unterblatt) dem Blattgrund, die Ranke dem Blattstiel und die Kanne der Blattspreite. Die Kannenmündung wird in der Jugend von einem Deckel, der ebenfalls aus der Blattspreite entstanden ist, bakterien- und wasserdicht abgeschlossen, später aber richtet der Deckel sich auf und steht dann dauernd schräg aufwärts gerichtet. Ein abwechselndes Öffnen und Schließen des Deckels, wie der Schweizer Botaniker A. P. DE CANDOLLE 1832 in seiner „Physiologie vegetale" angenommen hat, findet nicht statt. Der Deckel steht völlig unbeweglich über der Kannenöffnung und verhindert allenfalls das Eindringen von zu viel Regenwasser.

Auf den Kannen wird die „Blumenähnlichkeit" der Fallgruben vielfach von zwei bewimperten Flügelleisten verstärkt. Diese Flügelleisten dienen als zusätzliche Assimilationsfläche und geben zusammen mit dem verdickten Mündungsrand den Kannen die nötige Festigkeit.

Jungpflanzenanzucht

Vegetative Vermehrung. Die Vermehrung der *Nepenthes* erfolgt fast ausschließlich durch Stecklinge. Beim Rückschnitt im Januar/Februar werden die gut ausgereiften gedrungenen Kopftriebe als Stecklinge verwendet. Sie sollten mindestens zwei Blattgründe besitzen. Wenn die Stengelglieder (Internodien) lang genug sind, läßt sich auch das folgende Stammstück mit zwei bis drei Blattgründen noch nehmen. Mit dem Schnitt der Blattknotenstecklinge soll man sich etwas Zeit lassen. Wenn die schlafenden Augen mit dem Austrieb beginnen und mindestens 1 cm lang geworden sind, ist die Bereitschaft zur Wurzelbildung besonders groß. Die Stecklinge schneidet man unter einem Knoten, die Blattgründe werden eingerollt und mit Gummiringen an einem Holzstab befestigt.

Die Wurzelbildung der Stecklinge läßt sich in einem gut durchlüfteten Substrat, das feucht, aber nicht naß gehalten wird, wesentlich beschleunigen.

Hier eine bewährte Methode: Die Stecklinge werden durch das erweiterte Abzugloch eines umgestülpten, 5–6 cm großen Tontopfes gesteckt. Die Schnittfläche steht dabei frei im Innern des Gefäßes. Zur Befestigung des Stecklings stopft man den unteren Teil des Topfes mit Torfmoos aus und bettet die Gefäße in mit Sumpfmoos ausgelegte Vermehrungsbeete ein. Bei einer Luftfeuchtigkeit von 85–95% und einer Bodenwärme von 30–35°C setzt die Wurzelbildung bei Stecklingen von *Nepenthes*-Hybriden nach 2–4 Wochen, bei reinen Arten nach 4–8 Wochen ein.

Die Schnittstellen schlecht wurzelnder *Nepenthes*-Stecklinge behandelt man mit Seradix, Rhizopon oder Wurzelfix.

Wenn eine Hormonbehandlung bei *Nepenthes ventricosa* und *Nepenthes ampullaria* nicht mehr hilft, werden die nicht zu sehr verholzten Triebe abgemoost, abgesenkt oder abgelegt. Damit die Stecklinge während der Wurzelbildung nicht gespritzt werden müssen, hält man sie in einem geschlossenen Vermehrungsbeet oder unter einer umgestülpten Plastiktüte.

Wesentlich einfacher ist die *Nepenthes*-Vermehrung mit Hilfe einer Sprühnebelanlage. Die Stecklinge werden dann direkt in einen locker mit Torfmoos, Sand oder Torf gefüllten Topf gesteckt. Vorsicht, bei *Nepenthes,* die in Sand oder Torf stehen, brechen beim Ein- oder Umtopfen sehr leicht die Wurzeln an der Basis ab.

Generative Vermehrung. Die Vermehrung aus Samen dient nur züchterischen Zwecken und der generativen Nachzucht von Wildformen. Das Saatgut stammt vielfach vom Naturstandort. Um Kreuzungen durchführen zu können, müssen die beiden Eltern zur gleichen Zeit in Blüte sein. Von den männlichen Pflanzen wird dabei der Pollen mit Hilfe eines feinen Pinsels auf die Narbe der weiblichen Pflanze übertragen. Nach dem Samenansatz vergrößert sich der Fruchtknoten um das 4- bis 6fache.

Die Samenkapsel ist nach etwa 2–3 Monaten reif. Wenn sich die Fruchtblätter vom hellen Grün zum hellen Braun hin verändern, lassen sich die 1–1,5 cm langen, faserförmigen hellbraunen Samen ernten – dies ist meist im Januar soweit. Im Zentrum des an beiden Seiten dünn zugespitzten Samens liegt der tropfenförmige Embryo eingebettet.

Um ein gutes Keimergebnis zu erzielen, darf *Nepenthes*-Saatgut nach der Reife nicht austrocknen. Im Kühlschrank, bei 4 °C, behalten die *Nepenthes*-Samen ein halbes Jahr ihre Keimkraft. Die Aussaat erfolgt meist in flachen Schalen, die mit feingehacktem oder geriebenem Torfmoos gefüllt sind. Da *Nepenthes* Lichtkeimer sind, dürfen die Samen nicht mit Substrat abgedeckt werden. Man befeuchtet die Samen so lange mit einem Handzerstäuber, bis sie sich dunkelbraun verfärben.

Nepenthes-Aussaaten müssen täglich vorsichtig gewässert werden. Vor dem Austrocknen schützt man sie am besten durch eine abdeckende Glasscheibe oder eine übergestülpte Glasglocke.

Bei Temperaturen von 25 °C und einer Luftfeuchtigkeit von 85 % erscheint bei den meisten Samen nach 3–6 Wochen der Keimling.

Weiterkultur

Die Weiterkultur der Stecklinge erfolgt zunächst in 6–8 cm großen Tontöpfen. Dazu holt man die Stecklinge aus dem Vermehrungsbeet, zerschlägt die umgestülpten Tontöpfchen und holt die einzelnen Stecklinge vorsichtig aus dem Torfmoos. Man hält die Jungpflanzen so lange auf dem warmen Fuß eines Vermehrungsbeetes, bis sie beginnen, das neue Pflanzsubstrat zu durchwurzeln. Die Topfgröße sollte sich immer dem Wachstum der Pflanzen anpassen. Bei schwachwüchsigen Arten, wie z.B. *Nepenthes gracilis,* steigert sich die Topfgröße vom 6er- über den 11er- zum 15er-Topf mit über 1,5 Liter Inhalt. Starkwachsende Arten und Hybriden tragen im 12er-Topf bereits nach einem Jahr schon Kannen. Für die großen *Nepenthes*-Arten ist der 20er-Topf mit 7,5 l Substratinhalt oder eine entsprechende Tonschale angemessen. In den botanischen Gärten werden sie auch in Draht- oder Holzkörbe gepflanzt, selbst Gummicontainer werden verwendet. *Nepenthes* lassen sich am besten hängend kultivieren. Pflanzen, die zu eng stehen, treiben sich gegenseitig hoch, und die Bodentriebe setzen keine Kannen an. Aus dem Wurzelstock bilden sich Sprosse von unterschiedlicher Größe, von denen sich nur einer – auf Kosten der übrigen – zum Haupttrieb entwickelt.

Bei den Sämlingspflanzen ist eine modifizierte Form der Blätter zu beobachten, wobei die den Keimblättern unmittelbar folgenden Blätter bei *Nepenthes gracilis* – entsprechend den Sarracenien – vollständig sitzende Blattschläuche bilden. Im nächsten Stadium geht von dem sitzenden Blattgrund die Spitze in eine Kanne über. Erst die folgenden Etagen sind in drei Teile (Blattgrund, Ranke, Kanne) differenziert. Mehrjährige Pflanzen setzt man in der Regel um, ehe der beginnende Neutrieb im Februar/März einsetzt. Zuvor schneidet man die Triebe für die Stecklingsvermehrung stark zurück. Alte Triebe werden ganz herausgenommen. Die Seitenknospen zeigen dann einen reichen Kannenansatz.

Substrat und Düngung

Die *Nepenthes* benötigen ein sehr luftdurchlässiges und kalkfreies Substrat, das sich wie folgt zusammensetzen kann:

I. 1 Teil *Polypodium*-Wurzeln
1 Teil *Sphagnum*
1 Teil grobe Buchenlauberde

II. 1 Teil Torf
1 Teil *Sphagnum*
1 Teil Kiefernborke
1 Teil Styromull
1 Teil getrockneter Kuhdung

III. 1 Teil Torf
2 Teile *Sphagnum*
1 Teil Kiefernborke
1 Teil Styromull
1 Teil getrockneter Kuhdung

IV. 1 Teil *Polypodium*-Wurzeln
1 Teil *Sphagnum*
$1/2$ Teil grobe Buchenlauberde
$1/2$ Teil getrockneter Kuhdung
$1/2$ Teil Styromull
$1/4$ Teil kleine Holzkohlenstückchen

Ein guter Polypodien-Ersatz ist faseriger Streutorf. Vorsicht aber im Umgang mit dem Torf. *Nepenthes,* die im Substrat einen zu hohen Torfanteil haben, bekommen fast kreisrunde rote Flecken. Diese Rotblättrigkeit tritt unabhängig vom Alter auf allen Blattgründen auf. Im Winter werden die roten Blätter braun, und die kreisrunden Flecken trocknen aus.

Da viele der beschriebenen Substrate immer schwieriger zu beschaffen sind, hat man sich bemüht, einen geeigneten Ersatz zu finden. Versuche mit einer Mischung aus Perlite und zerhacktem Torfmoos oder Torf und Perlite im Verhältnis 1:1 sowie reinem Vermiculit sind äußerst positiv verlaufen.

Beim Ein- und Umtopfen sind die etwas brüchigen Wurzeln zu schonen. Der Anfänger sollte die schwarzen Wurzeln nicht für tot halten. Die gelblich-orangefarbenen Wurzelspitzen zeigen, daß sie noch leben. Nach dem Verpflanzen gibt man den *Nepenthes* mit einer sehr schwachen Wuxal-

Blattdüngung gute Startbedingungen. Ab Anfang Mai sorgen dann 4 Volldüngergaben (0,05 %ige Lösung), die man im Abstand von 4 Wochen verabreicht, für eine optimale Entwicklung. Sogenannte Depotdünger wie Osmocote 16:10:13 mit einer Langzeitwirkung von 8–9 Monaten sind als Vorratsdüngung ebenfalls geeignet. Von diesen granulierten Düngekörnern verwendet man pro Liter Substrat 0,5 g. Anstelle der mineralischen Nährsalzgaben können während der Hauptwachstumszeit die Pflanzgefäße wöchentlich einmal in aufgelösten Kuhdung, vergorenen Peru-Guano oder andere organische Dünger getaucht werden.

Licht und Temperatur

Licht spielt eine sehr große Rolle für das Wachstum der *Nepenthes*-Arten. Die schönsten Pflanzen erhält man nahe am Glas. In schattigen Kulturräumen bleiben sie im Wachstum zurück und bilden nur wenige und schlecht ausgefärbte Kannen. Im Herbst und Winter müssen wir deshalb den Pflanzen viel Licht anbieten. Bei starkem Sonnenschein dagegen genügen etwa 50 % des Tageslichtes; man darf die Pflanzen also während der Frühjahrs- und Sommermonate nicht direkt der Sonne aussetzen. Wenn die Pflanzen mehr als die optimale Lichtmenge erhalten, bekommen sie einen Sonnenbrand, und die ganzen Blattgründe beginnen sich auf der Oberfläche rötlich zu verfärben. Gute Schattierungsmöglichkeiten sind daher unerläßlich.
Bei einer Nachtabsenkung auf 18 °C sollten die Tagestemperaturen bei 25 °C gehalten werden. Angesichts der steigenden Energiepreise stellt sich in zunehmendem Maße die Frage, ob man die Pflanzen nicht in ei-

nem Lauwarmhaus bei 12–15–18 °C kultivieren kann. Das hat allerdings zur Folge, daß das Pflanzenwachstum sich verlangsamt: Die Blattgründe werden nicht mehr so lang, und das Größenverhältnis von Blattgrund und Kanne beginnt sich anzugleichen. Während in tropischer Umgebung pro Jahr und Pflanze 10–15 Kannen gebildet werden, bringen Pflanzen in Lauwarmhäusern nur noch 2–5 Kannen hervor.

Luftfeuchtigkeit und Wasser

Ein reicher Kannenbehang kommt nicht ohne gewisse klimatische Voraussetzungen zustande. Wenn die Luftfeuchtigkeit unter 80 % absinkt, beginnen die jungen Kannenansätze einzutrocknen. *Nepenthes* wachsen am besten und bilden die schönsten Kannen, wenn das Hygrometer die 80%-Marke übersteigt. Diese Werte lassen sich jedoch nur in geschlossenen Räumen erreichen. Dabei ersetzt ein kurzes, aber häufiges Überspritzen die Tropenregen. In offenen Räumen kann eine optimale und gleichbleibende Luftfeuchtigkeit nur mit leistungsfähigen Luftbefeuchtern erzielt werden. Zur Kontrolle der relativen Luftfeuchtigkeit wird ein automatischer Feuchtigkeitsregler zwischengeschaltet. Nach dem Einstellen der gewünschten Raumfeuchtigkeit arbeitet die Anlage automatisch. Durch diese Regulierung wird auch verhindert, daß die *Nepenthes* unter zu trockener Luft leiden, wenn an kühlen Tagen die Heizung in Gang gesetzt wird. Solche Luftbefeuchter werden für Wohnräume, Tropenfenster, Wintergärten und Kleingewächshäuser im Fachhandel in jeder Größe angeboten.
Das Wasser für den Luftbefeuchter sollte

kalkfrei sein, d. h., man muß entweder Regenwasser sammeln oder das Leitungswasser entkalken (das geht am besten, wenn man das Wasser abkocht, erkalten läßt und dann vorsichtig das kalte Wasser über dem abgesetzten Kalk abgießt).

Unterläßt man das Entkalken, so ist nach wenigen Tagen alles mit einer weißen Kalkkruste überzogen. Die Säuberung der Glasscheiben ist zwar kein so großes Problem – wenn auch ärgerlich und zeitaufwendig –, Kalkflecken setzen sich jedoch auch auf den Blättern fest und verschmutzen die Pflanzen.

Schädlinge

Bei zu geringer Luftfeuchtigkeit muß man mit einem verstärkten Spinnmilbenbefall rechnen. Die Spinnmilben (Rote Spinne) breiten sich über die ganzen Pflanzen aus. Sie sind etwa 0,5 mm lang und gelblich, rot oder grünlich gefärbt. Im Schutz von feinen Gespinsten legen sie zahlreiche Eier ab. Bei starkem Spinnmilbenbefall verfärben sich die *Nepenthes* gelblich oder braun.

Schildläuse, die sich an den Blattadern ansiedeln und Spinnmilben, die sich auf der ganzen Pflanze ausbreiten, bekämpfen wir mit ungiftigen Präparaten. Von den Schädlingsbekämpfungsmitteln, mit denen auch Woll- und Schildläuse, Blasenfüße und Weiße Fliegen erfaßt werden, empfehlen wir für die *Nepenthes* „Gesal-der Insektenvertilger für Zierpflanzen“, „terrasan Pflanzen-Spray“, „Flori Pflanzenspray“, „fleur-Insekten-Spray“, „Gartenperle-Pflanzen-Spray“, „Jeboledax-4-Spray“, „Parexan-Pflanzenspray“, „Pokon-Pflanzenspray“, „Spruzit Nova Sprühautomat“, Depethan-Spray und Zimmerpflanzenspray Parexan F.

Sarracenia (Schlauchpflanze)

Von den 9 *Sarracenia*-Arten wachsen 7 in den feuchten und sumpfigen Savannen der östlichen USA. *Sarracenia purpurea* ist nördlich bis Neufundland und Manitoba verbreitet, und *Sarracenia jonesii* dringt bis in die Gebirge vor.

Sarracenia drummondii

Vorkommen: USA (S-Georgia und N-Florida – Alabama-Fluß)

Blüten purpurn. Schläuche 30–90 cm lang, rot geadert, unten grün, oben marmoriert (Bild 5) mit runden weißen Flecken. Deckel rundlich gekerbt, eingekrümmt-kappenförmig mit weißen, borstigen Haaren besetzt.

var. *alba,* mit reinweißen Flecken;

var. *rubra,* im oberen Teil tiefrot gezeichnet.

Sarracenia flava

Vorkommen: USA (Virginia, Carolina, Georgia, Florida, Alabama)

Blüten hellgelb mit starkem Geruch (Bild 31). Schläuche 30–100 cm lang, schmalröhrig-trompetenförmig mit hervortretenden Längsnerven. Deckel flach, herzförmig.

var. *atrosanguinea,* weinrot;

var. *limbata,* mit rotem Deckelrand;

var. *maxima,* groß und grün gefärbt;

var. *minima,* klein und rot geadert;

Bild 31. *Sarracenia flava* in voller Blüte. Foto A. H. P. Weißhaupt

Bild 32. *Sarracenia psittacina.* Foto H. Seibold

Sarracenia psittacina
Vorkommen: USA (Georgia und NW-Florida, westl. bis Louisiana)
Blüten purpurn. Schläuche 5–15 cm lang, niederliegend (Bild 32), beiderseits mit häutigem Rand. Kappenförmiger Deckel, zurückgekrümmt, grün bis purpurrot mit weißen Adern.

Sarracenia purpurea
Vorkommen: N-Amerika (Labrador, Neufundland und Manitoba – Florida, Alabama, Louisiana)
Blüten purpurrot. Schläuche 5–35 cm lang und in der Mitte 2–10 cm dick, rot geadert. Deckel rundlich-herzförmig, innen mit steifen Haaren besetzt.

Sarracenia rubra
Vorkommen: USA (North Carolina – Florida)
Blüten karminrot, nach Veilchen duftend. Schläuche 15–30 cm lang. Im oberen Teil geadert, Deckel aufrecht, lanzettförmig, innen etwas rotbraun gefärbt.
var. *acuminata,* mit eiförmig zugespitztem Deckel.

Sarracenia sledgei
Vorkommen: USA (Von Alabama- und Mobile-Fluß – SO-Texas)
Blüten weißlichgelb, duftend. Schläuche 30–75 cm lang, trompetenförmig, im oberen Teil rotbraune Adern. Deckel eiherzförmig, aufrecht.
Bereits vor der Jahrhundertwende ist es gelungen, interessante *Sarracenia*-Hybriden zu züchten. Aus Kreuzungen sind die folgenden Hybriden hervorgegangen:

var. *ornata,* Schlauchschlund und Basis des Deckels mit roten, radiären Linien gezeichnet;
var. *rugellii,* bis 1 m hohe Schläuche, oberer Teil karminrot.

Sarracenia jonesii
Vorkommen: USA (Nordcarolina, nördl. Florida, Alabama, Mississippi)
Noch nicht in Kultur.

Sarracenia minor
Vorkommen: USA (Südl. N-Carolina, Georgia, Florida)
Blüten gelb oder gelblichweiß. Schläuche bauchig, 10–70 cm lang. Im oberen Teil weiße durchscheinende Flecken und braunrote Striche. Deckel über die Schlauchmündung gewölbt.

Sarracenia oreophila
Vorkommen: USA (Alabama, Georgia)
Noch nicht in Kultur.

Hybriden	Elternpflanzen
S. × ahlsii	*S. sledgei × S. rubra*
S. × areolata	*S. drummondii × S. sledgei*
S. × atkinsoniana	*S. flava var. maxima × S. purpurea*
S. × cantabrigiensis	*S. drummondii × S. minor*
S. × caroli-schmidti	*(S. purpurea × S. rubra) × S. purpurea*
S. × catesbaei	*S. flava × S. purpurea*
S. × chelsonii	*S. purpurea × S. rubra*
S. × courtii	*S. purpurea × S. psittacina*
S. × crispata	*S. flava × S. minor*
S. × excellens	*S. drummondii × S. minor*
S. × exornata	*S. purpurea × S. sledgei*
S. × farnhamii	*S. drummondii × S. rubra*
S. × flambeau	*S. purpurea × S. minor*
S. × formosa	*S. minor × S. psittacina*
S. × gilpini	*S. rubra × S. psittacina*
S. × harperi	*S. flava × S. minor*
S. × illustrata	*S. flava × (S. × stevensii)*
S. × kaufmanniana	*(S. purpurea × S. rubra) × S. purpurea*
S. × maddisoniana	*S. minor × S. psittacina*
S. × mandaiana	*S. drummondii × S. flava*
S. × melanorhoda	*S. purpurea × S. stevensii*
S. × mitchelliana	*S. drummondii var. rubra × S. purpurea*
S. × mooreana	*S. flava × S. drummondii*
S. × popei	*S. flava × S. rubra*
S. × rhederi	*S. rubra × S. minor*
S. × sanderiana	*S. drummondii rubra × (S. × farnhamii)*
S. × stevensii	*S. purpurea × S. flava*
S. × swaniana	*S. purpurea × S. minor*
S. × tolliana	*S. flava × S. purpurea*
S. × vittata	*(S. × chelsonii) × S. purpurea*
S. × willisii	*(S. × courtii) × (S. × melanorhoda)*
S. × wrigleyana	*S. drummondii × S. psittacina*

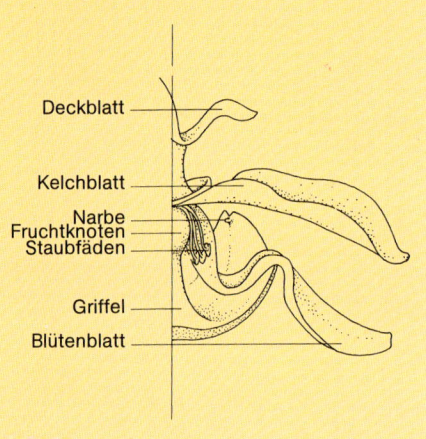

Deckblatt

Kelchblatt

Narbe
Fruchtknoten
Staubfäden

Griffel

Blütenblatt

Bild 33. *Sarracenia*. Längsschnitt durch eine Blüte.

Historisches

Für die wissenschaftliche Botanik wurden die Schlauchpflanzen im 17. Jahrhundert auf den nordamerikanischen Mooren entdeckt. MICHEL SARRASIN (1659–1734), Botaniker und Arzt in Quebec, schickte eine Pflanze an den französischen Botaniker JOSEPH PITTON DE TOURNEFORT (1656–1708). Für CARL VON LINNÉ lag es also nahe, die Schlauchpflanzen zu Ehren von SARRASIN zu benennen.

Blüten und Schlauchblätter

Die einzelstehenden Blüten erscheinen meist im Mai/Juni an hohen, blattlosen Stengeln. Der Griffel erweitert sich in einen breiten, gestielten Schirm, der sich wie ein Dach über die Staubblätter spannt. Die 5 Narben sitzen zapfenartig am Ende der Schirmzipfel. Die Frucht ist eine fachspaltige Kapsel mit dünnschaligen Samen. Die 5 purpurroten oder gelben Blütenblätter wirken wie bunte Lampions (Bilder 31, 33). Als Schnittblumen sind Sarracenien sehr lange haltbar.

Die Laubblätter stehen in einer grundständigen Rosette. Sie sind zu schlauchartigen Gebilden (Ascidien) mit flügelförmiger Längsleiste umgewandelt.

Kulturansprüche

In einfachen Kulturräumen lassen sich die Schlauchpflanzen ohne großen Aufwand ziehen. Meist genügt ein luftiger Frühbeetkasten, dessen Innenwände zur Erhöhung der Luftfeuchtigkeit mit Drahtgittern versehen sind, die mit lebendem Sumpfmoos oder Torf ausgepolstert werden. (Holzkonstruktionen sind, bedingt durch die ständige Feuchtigkeit, sehr kurzlebig.) Betonkästen, die nach unten abgedichtet sind, eignen sich sehr gut, da hier von unten her keine Mäuse an die Pflanzen gelangen können. Stellt man die Pflanzentöpfe innerhalb des Kastens auch noch in Torf, so hält sich die Feuchtigkeit noch besser.

Jungpflanzenanzucht

Die Sarracenien setzen nach dem Bestäuben der Blüten sehr leicht Samen an. Die Samen enthalten so reichlich Nährgewebe, daß sie – unmittelbar nach der Ernte ausgesät – nach 4–12 Wochen keimen. Damit man nach 3 Jahren voll entwickelte Pflanzen erhält, muß man die Sämlinge in den ersten drei Jahren bei 15–18°C überwintern. Der frisch geerntete Samen wird in flache Schalen gelegt, die mit feingehacktem

Sumpfmoos oder einer Mischung aus kalkfreiem Sand und Sumpfmoos (1:1) gefüllt sind.

Auch Sarracenien sind Lichtkeimer, man darf also die Samen nicht mit Substrat bedecken, sondern drückt sie nur vorsichtig etwas in das Substrat ein. Damit die Samen nicht austrocknen, decken wir die Aussaatgefäße mit lichtdurchlässigen Glasscheiben ab. Die Temperatur sollte bei 15–20 °C liegen.

Beim Umpflanzen lassen sich die Sarracenien auch teilen.

Substrat und Düngung

Ende Februar, Anfang März beginnt das Sarracenien-Jahr. Das Teilen, Ein- und Umsetzen muß vor der Blüte im Mai abgeschlossen sein.

Als Substrat eignet sich am besten grober Torfmull (Streutorf), den man ohne Zusatz verwendet. Versuche haben ergeben, daß in reinem Torf die beste Wurzelbildung, ein optimales Wachstum und die schönste Ausfärbung der Blattschläuche erfolgt. In reinem Torfmoos bleiben die Sarracenien grün. Bei feinem Torf läßt sich 1/3 Torfmoos oder Styromull beimischen.

Zur Vorratsdüngung wird vielfach die innere Topfwand dünn mit Kuhmist bestrichen.

Die Sarracenien kommen einzeln oder zu mehreren in 10–12 cm große Gefäße.

Beim Umpflanzen lassen sich Wurzelschädigungen vermeiden, wenn man von dem alten Substrat lediglich so viel entfernt, wie sich beim Ausschütteln der feinen Wurzeln löst. Die Sarracenien-Wurzeln unterscheiden sich von den schwarzen Wurzeln der meisten anderen Fleischfressenden Pflanzen durch auffallend helle Spitzen.

Wenn der Topfballen durchwurzelt ist, wird im zweiten Jahr flüssig gedüngt: Wenn die Sarracenien verblüht sind und die Schlauchbildung einsetzt, verabreicht man im Abstand von 3–4 Wochen drei Volldüngergaben (1 g Volldünger pro Liter Wasser).

Licht und Temperatur

Um schön gefärbte Schläuche zu bekommen, wird nur bei sehr starkem Sonnenschein im Frühjahr und Sommer leicht schattiert. Das Entfernen der Frühbeetfenster in taufrischen Nächten und das Lüften bei zunehmendem Anstieg der Temperatur über 15–20 °C gehört zu den wichtigsten Kulturmaßnahmen im Sommer, wobei zu beachten ist, daß Sarracenien aus den südlichen USA – wie *Sarracenia drummondii* und *Sarracenia psittacina* – etwas wärmebedürftiger sind.

Luftfeuchtigkeit und Wasser

Mit *Sphagnum* oder Torf ausgefütterte Frühbeetkästen schaffen im Sommer eine kühle Atmosphäre mit hoher Luftfeuchtigkeit. Durch ein 4- bis 5maliges Überspritzen mit kalkfreiem Wasser läßt sich an warmen Sommertagen ein optimales Kleinklima schaffen – an Regentagen sollte man die Fenster ganz entfernen. In Kulturräumen, die nach unten abgedichtet sind, läßt sich während der Vegetationsperiode das Wasser anstauen. Eingesenkt in feuchtes Torfmoos oder in ein sumpfiges Substrat aus Torf, lassen sich *Sarracenia drummondii, Sarracenia psittacina, Sarracenia purpurea* und *Sarracenia sledgei* nebst ihren Hybriden vom beginnenden Neutrieb im März bis zum Ende der Vegetationsperiode im September halten.

Bild 34. *Sarracenia*-Bepflanzung mit *Darlingtonia*. Foto S. Seidl

Zum Gießen, Spritzen und für den Wasseranstau sollten wir nur kalkfreies Wasser verwenden.

Überwinterung

Die Sarracenien werden ab September durch Einschränken der Wassergaben, Einstellen des Spritzens und starkes Lüften abgehärtet. Es wird nur noch so oft gegossen, daß ein Vertrocknen der Winterblätter verhindert wird. Bei festen Schläuchen ist die Gewähr gegeben, daß sie gut über die kalte Jahreszeit kommen. Temperaturen um den Gefrierpunkt richten bei abgehärteten Pflanzen noch keinen Schaden an. *Sarracenia purpurea* kann unter kleinklimatisch günstigen Bedingungen im Freien überwintern. Bei strengem Barfrost erhält *Sarracenia purpurea* eine lockere Laub- oder Torfpackung. Durch das Abdecken und Einpacken mit Laub und dicken Strohmatten werden die Frühbeetkästen vor dem Eindringen des Frostes geschützt. In den geheizten Kulturräumen hält man die Temperatur bei 4–6°C. Wenn es die Witterung erlaubt, wird nach länger anhaltenden Kälteperioden wieder gelüftet.

Schädlinge

Damit im Winter keine Mäuse in die Sarracenien-Kästen gelangen und im Sommer naschhafte Vögel nicht die mit Insekten gefüllten Schläuche aufpicken, müssen wir die Pflanzen durch feine Drahtgitter schützen. Ein weitverbreiteter Schädling auf Schlauchpflanzen ist die Blattlaus. Überall da, wo diese grünen, gelben oder schwarzen Insekten saugen, bilden sich rund um die Einstichstellen rötliche Höfe. Blattläuse haben es im Frühjahr besonders auf die jungen Schläuche abgesehen. Ein lokaler Befall läßt sich noch relativ leicht mechanisch bekämpfen (Zerdrücken der Läuse). Bei einer flächenmäßigen Ausbreitung empfiehlt sich „Detia-Pflanzol-Spray".
Wie ein Krebsgeschwür greifen die Wurzelläuse um sich. Die befallenen Pflanzen bleiben im Wachstum zurück, es treten Blattflecken auf, und die jungen Blätter sterben ab. Die Wurzelläuse sind als wollige, schimmelartige Punkte an den Wurzeln leicht zu erkennen. Bei einem Befall gießt man die Pflanzen wiederholt mit einer 0,1%igen Vydate-L-Lösung.

Darlingtonia californica

Auf verhältnismäßig kleinem Areal ist *Darlingtonia californica* (Bild 23) in der regenreichen Gebirgslandschaft Nordwestkaliforniens und des südlichen Oregons an feuchten Standorten der Sierra Nevada zwischen 300 und 2000 Meter über dem Meer zu finden. 1854 wurde die *Darlingtonia* von J. D. BRACKENRIDGE am oberen Sacramentofluß in den Sümpfen Kaliforniens entdeckt und 1861 von dem nordamerikanischen Botaniker JOHN TORREY (1796–1873) zu Ehren des amerikanischen Botanikers WILLIAM DARLINGTON (1782–1863) benannt.

Die Gattung besteht nur aus einer Art mit Blüten aus einem strohfarbenen Kelch, 5 blaßpurpurroten Blütenblättern, 12–15 Staubfäden und einem fünffächerigen Fruchtknoten (Bild 35). Ihre Blätter sind wie bei den Sarracenien zu Fallgruben in Schlauchform umgebildet. An günstigen Standorten können sie Längen bis zu einem Meter erreichen. Als statisches Element erkennt man an den Schläuchen flügelförmige Längsleisten. Über die smaragdgrünen Schlauchblätter wölbt sich ein helmartiges Gebilde, das mit durchscheinenden Zellen besetzt ist (Bild 36).

Bild 36. *Darlingtonia californica*. Helm mit durchscheinenden Zellen („Fensterchen"). Foto S. Seidl

Kulturansprüche

Im wesentlichen kann man bei den Darlingtonien den Kulturanleitungen für Sarracenien folgen. Nur in der Jugend wollen sie etwas wärmer stehen.

Jungpflanzenanzucht

Als Aussaatgefäße verwenden wir flache Schalen, die mit feingehacktem Sumpfmoos oder einer Mischung aus kalkfreiem Sand und Sumpfmoos (1:2) gefüllt sind. Frisch geerntetes Saatgut wird sofort nach dem Eintreffen im Oktober/November in die Schalen gelegt. Als Lichtkeimer darf man die Samen nicht bedecken, sondern drückt sie nur leicht in das Substrat. Vor dem Austrocknen schützt man sie durch Abdecken mit einer Glasscheibe.

Frisch geerntete Samen keimen bereits nach 3 Wochen, älteres bzw. längergelagertes Saatgut benötigt 6–12 Wochen, ehe es aufgeht.

Für die Keimung hält man die Samen bei einer gleichbleibenden Temperatur von 15–20°C. Zum Überwintern der Sämlinge senkt man die Temperatur auf 12–15°C. Beim Umtopfen lassen sich *Darlingtonia*-Pflanzen vegetativ durch Teilung vermehren, wobei man von ausgepflanzten Darlingtonien am Ende der Rhizome die jungen Pflanzen abtrennen kann.

Substrat und Düngung

In lebendem *Sphagnum* erhalten die Wurzeln eine feuchte Kühle. Auch in durchlässigen Torfsubstraten läßt sich ein gesundes Wachstum erreichen. Bei der Düngung folgt man im wesentlichen den Hinweisen für die Sarracenien-Ernährung. Bei Nährsalzgaben empfiehlt es sich, die *Darlingtonia*-Töpfe alle 4 Wochen 3- bis 4mal in Wasser zu tauchen und den Topf gut abtropfen zu lassen. Dadurch wird das Wurzelsystem durchspült, die angesammelten Salzreste werden ausgewaschen.

Licht und Temperatur

Man kann die Darlingtonien sowohl sonnig als auch schattig in einem gut gelüfteten Kulturraum halten. In der vollen Sonne bleiben ihre rötlich-braunen Schlauchblätter kurz und gedrungen, während sie im Halbschatten grün und sehr lang werden. In den heißen Sommermonaten dürfen sie kein direktes Sonnenlicht erhalten, sondern müssen leicht schattiert oder an ein Ostfenster gestellt werden. Stellt man die Darlingtonien etwas schattiger als die Sarracenien, so blühen sie zwischen Mai und Juli.

Luftfeuchtigkeit und Wasser

Ein Sommeraufenthalt im Freien ist für Darlingtonien nur im Rhododendron-Klima Norddeutschlands und des Voralpengebietes sowie in der unmittelbaren Nachbarschaft von großen Sumpf- und Wasserflächen möglich. Bei geringer Luftfeuchtigkeit müssen wir sie unter Glas halten und möglichst zweimal täglich überspritzen. Bei Bedarf füllt man die Untersetzer mit kalkfreiem Wasser auf oder gießt die Topfballen durchdringend. Es darf allerdings keine Staunässe auftreten! In undurchlässigen Substraten beginnt der Wurzelhals sehr leicht zu faulen.

Überwinterung

Im Winter kann man den Kulturanleitungen für Sarracenien folgen. Aus den moos- und torfgefüllten Frühbeetkästen kommen die Darlingtonien im Herbst zurück in ein

70

kühles Gewächshaus oder in ein Zimmer mit Temperaturen zwischen 12 und 15°C.

Heliamphora nutans – Sumpfkrug

Der Name Sumpfkrug ist eine wörtliche Übersetzung von *Heliamphora* (gr.: helos = Sumpf, amphora = Krug). Dieser aparte Insektenfänger wächst zusammen mit 5 weiteren Arten in kleinen Gebieten des Roraima-Gebirges Guayanas und des angrenzenden südlichen Venezuelas. Die röhrenförmigen Fallgruben werden in der Regel 10 cm lang. Anstelle eines Deckels sind nur noch Helmrudimente in Form kleiner Kappen am Ende der schräg nach oben auslaufenden Kannenwand zu sehen (Bild 38). Zur Regulierung des Wasserstandes befindet sich zwischen den Flügel-leisten in halber Höhe der Fallgrube eine kleine Öffnung, durch die das Niederschlagswasser abfließen kann. Zwei flügelartige Leisten dienen den erdnahen Blättern als Stütze (Bild 8).

Von ihren nickenden Blüten (Bild 37) erscheinen das ganze Jahr über 3–5 weiße Brakteen auf einem Schaft. Blütenblätter fehlen, der Fruchtknoten ist dreifächerig, der Griffel kurz und die Narbe dreiteilig.

Kulturansprüche

Die Kultur der *Heliamphora* ist sehr schwierig. Man wird ihnen deshalb höchst selten in den Ausstellungsvitrinen botanischer Pflanzensammlungen begegnen. Es erfordert ein feines Gefühl, diese Pflanzen am Leben zu erhalten. Jeder Liebhaber wird letztlich eigene Kulturmethoden entwickeln und andere Erfahrungen aufnehmen.

Bild 37. *Heliamphora nutans.* Blüte. Foto M. Haberer

Jungpflanzenanzucht

Vegetative Vermehrung. *Heliamphora nutans* läßt sich wie die Sarracenien sehr leicht durch Teilen der Pflanzen vermehren. Im Frühsommer nimmt man die Horste vorsichtig auseinander. Sowohl die Wurzeln als auch die Schläuche sind jedoch so extrem brüchig, daß sie häufig wurzellose Fallgruben hinterlassen. Nach einer Frühsommerteilung erhält man bis zum Herbst gut bestockte Pflanzen.

Generative Vermehrung. Die Vermehrung durch Samen ist ungleich schwieriger und das Wachstum der Sämlinge sehr langsam. Wie bei den Sarracenien und Darlingtonien werden die Samen ohne Substrat-Abdeckung auf *Sphagnum* ausgesät und mit einer Glashaube oder Plastiktüte abgedeckt. Im Halbschatten beginnen die ersten Körner bei Temperaturen von 12–15–18°C nach 6 Wochen und die letzten Samen nach 9 Monaten zu keimen. In lebendem *Sphagnum* besteht immer die Gefahr, daß die Sämlinge vom Sumpfmoos erstickt werden. Nach einem Jahr erreichen sie eine Größe von 5 mm, und nach zwei Jahren ist mit einem Zuwachs von 1,5 cm zu rechnen.

Substrat und Düngung

Lebendes *Sphagnum,* allenfalls eine Mischung aus kalkfreiem Sand und lebendem *Sphagnum,* ist ein brauchbares Substrat. Die Heliamphoren müssen in einem leichten, gut durchlässigen Pflanzstoff stehen. Eine *Sphagnum*-Torf-Mischung ist zu schwer, und selbst bei der Zugabe von Perliten gedeihen die Heliamphoren schlecht.

Die Pflanzen müssen mit dem Sumpfmoos um die Wette wachsen. Nicht nur im Topf, sondern auch um die Töpfe sollten die Pflanzen von feuchtem Sumpfmoos umgeben sein. Düngegaben wären schädlich. Das beste Pflanzenwachstum ist in lebendem *Sphagnum* zu beobachten. Wenn in altem Material anstelle heller Spitzen dunkle Wurzeln anzeigen, daß es den Pflanzen nicht mehr so gut geht, wird im Frühjahr der verrottete Pflanzstoff gegen frisches, lebendes *Sphagnum* ausgetauscht. Die Pflanzen halten sich am besten in 6- bis 8-cm-Töpfen. Andere *Heliamphora*-Arten wie *Heliamphora heterodoxa, Heliamphora ionasi, Heliamphora minor, Heliamphora nobelinae* und *Heliamphora tatei* werden – außer *Heliamphora minor* (Bild 39) – ziemlich groß. Für sie ist ein 8-cm-Topf zu klein. In solchen Fällen nimmt man Pflanzgefäße von 12–20 cm Durchmesser.

Licht und Temperatur

Wenn man die Pflanzen in einen hellen Kulturraum stellt, die Nachttemperatur bei 12–15°C hält und die Tagestemperatur auf 15–18°C einstellt, wobei sie selten die 25°C-Grenze überschreiten darf, bringt man *Heliamphora nutans* zum Blühen. Bei direkter Sonne stellt man sie so, daß 2- bis 3mal am Tag der Schatten von Bäumen oder Schattengestellen über die Pflanzen wandert.

Luftfeuchtigkeit und Wasser

Heliamphora-Pflanzen müssen immer so stark gegossen werden, daß das *Sphagnum* am Leben bleibt und die Kannen gefüllt sind. Das Wasser muß durch das Substrat abfließen können. (Vielfach trifft man auf lebendes *Sphagnum* mit grünen Spitzen,

73

74

das schon wenige Zentimeter tiefer abzusterben beginnt.) Nach einem Jahr ist das verrottete Material mit Wasser vollgesogen. Setzt man nun die Pflanzen nicht um, dann beginnen die Wurzeln abzusterben. Hält man die Pflanzen in einem folienbespannten Miniaturgewächshaus (60 × 30 × 30 cm), dann werden sie von der Lufttrockenheit nicht in ihrem Wachstum gehemmt.

Überwinterung

Wenn die Temperatur in den Kulturräumen unter 10°C absinkt, dann sollten wir heizen. Die Pflanzen kommen am besten bei einer Tagestemperatur von 18°C und einer Nachttemperatur von 12°C durch den Winter. Heliamphoren treten nicht in eine ausgesprochene Ruhephase ein. Jedenfalls bilden sie auch weiterhin Blätter – doch nicht so häufig wie im Frühjahr und Frühsommer. Unter diesen reduzierten Wachstumsbedingungen wird die Blühphase im Dezember eingeleitet.

Cephalotus follicularis

Die kleinen *Cephalotus*-Krüge erscheinen wie die Miniaturausgaben der großen *Nepenthes*-Kannen (Bild 40). Zum erstenmal wurden sie von dem französischen Botaniker und Forschungsreisenden JACQUES JULIEN HOUTTON DE LA BILLARDIÈRE (1755–1834) in seiner von 1824–1825 er-schienenen Schrift „Sertum austro-caledonicum" beschrieben. Dieser kleine Insektenfänger aus den Sümpfen Westaustraliens kommt in einem ziemlich eng begrenzten Gebiet des Deep-River bis zur Esperance Bay in recht dichten, schilfdurchwachsenen Hochmooren vor. In den Torf-Sümpfen, die dem Ozean näher liegen, zeigen sie im Brackwasser eine gewisse Toleranz gegenüber NaCl, was aber keineswegs besagt, daß sie auf Kochsalz angewiesen sind.

Für *Cephalotus follicularis* wurde noch kein passender deutscher Name gefunden. Den häufig verwendeten Ausdruck „Schlauchträger" wollen wir ebensowenig gebrauchen wie die Übersetzung des griechischen kephalotus = mit einem Kopf (wegen der kopfförmigen Anschwellungen hinter den Staubbeuteln). Trotz der scheinbaren Ähnlichkeit mit den *Nepenthes*-Kannen läßt sich diese monotypische Gattung systematisch schwer einordnen. Sie steht in jedem Fall den Steinbrechgewächsen (Saxifragaceae) näher als den Kannenstrauchgewächsen (Nepenthaceae). Ihre zwitterigen Blüten befinden sich an einer langgestielten Rispe. Die 6 grünlich-braunen Kelchblätter, 12 Staubfäden und 6 Fruchtblätter stehen wie eine kleine wollige Spitze auf der Blütenachse. Aus den Samenanlagen entwickeln sich dünnwandige Balgfrüchte mit dünnschaligen Samen, die reichlich Nährgewebe enthalten.

In der nördlichen Hemisphäre erscheinen die Blüten in der ersten Jahreshälfte. Dagegen vollzieht sich das vegetative Wachstum in der zweiten Jahreshälfte. Die kriechenden Rhizome haben jährlich zwei verschiedene Wachstumsphasen. Vom Spätsommer bis zum frühen Herbst bilden sie ganzrandige Laubblätter, gefolgt von einigen Niederblättern, denen dann vom Spätherbst bis in den Winter die Krugblätter folgen. Die Niederblätter sind größtenteils flach, tragen aber auch an der Spitze Anzeichen von kelchartigen Ausstülpungen. Die stark modifizierten Kannen sind etwa 4–5 cm lang, mit vier bewimperten Flügelleisten und einem Deckel (Bild 9). In Kultur erreichen sie meist nur 2–3 cm, während in der Natur eine genetische Variante mit 6–8 cm langen Krugblättern (Ascidien) bekannt ist.

Kulturansprüche

Vor dem Gedanken, es mit *Cephalotus* im Zimmer zu versuchen, sei gewarnt. Die Pflanzen nehmen die geringste Nachlässigkeit übel. Ein Miniaturgewächshaus (60 × 30 × 30 cm), mit lichtdurchlässiger Folie bespannt, ist der ideale Kulturraum. Er sorgt für gleichmäßige Luftfeuchtigkeit, und die Temperatur kann konstant gehalten werden.

Jungpflanzenanzucht

Generative Vermehrung. Die *Cephalotus*-Samen zeigen ein sehr schlechtes Keimergebnis. Man sollte sich deshalb erst gar nicht die Mühe machen, die Pollen von einer Blüte auf die andere zu übertragen. Mit einer Samenbildung ist nur zu rechnen, wenn gleichzeitig verschiedene Pflanzen blühen.

Vegetative Vermehrung. Die vegetative Vermehrung der *Cephalotus* kann durch Blattstecklinge und durch ein Teilen der Rhizome erfolgen.

Ausgewachsene Laubblätter werden im Mai mit den Blattstielen über dem Rhizom abgetrennt und in feuchtes Torfsubstrat oder lebendes *Sphagnum* gesteckt. Am Grunde der Blattstiele bilden sich nach 6–8 Wochen Wurzeln, und die Adventivsprosse treiben durch. Die Blattstecklinge sollten so lange nicht gestört werden, bis die Jungpflanzen erscheinen. Während der Wurzel- und Adventivtriebbildung halten wir die Blattstecklinge unter denselben Klimabedingungen wie die Mutterpflanzen; bei ausgepflanzten *Cephalotus* können die Blattstecklinge in die Nähe der Elternpflanzen in dasselbe Substrat gesteckt werden.

Die einfachste und sicherste Methode der *Cephalotus*-Vermehrung ist die Rhizomteilung. Die unterirdischen Sprosse werden in 1,5 cm lange Stücke geschnitten und horizontal in einen mit Torfmull gefüllten Topf ausgelegt. Wer ganz sicher gehen will, kann ein ganzes Rhizom mit oder ohne Wurzeln und Blättern von der Mutterpflanze abtrennen und einpflanzen.

Substrat und Düngung

Man pflanzt die *Cephalotus* am besten in lebendes *Sphagnum* oder reinen Torf. Das Sumpfmoos überwächst häufig schwache Pflanzen. Man wird sich deshalb auf das Torfsubstrat beschränken. Wenn das untere Drittel der 8- bis 10 cm-Töpfe mit Styromull gefüllt wird, ist ein guter Wasserabzug gegeben. Die Rhizome legt man horizontal und bedeckt sie 1–1,5 cm mit Pflanzstoff. Waagerecht ausgerichtete Wurzelstücke bringen zahlreiche Austriebe, während in senkrechter Lage bei stärkerem Wachstum weniger Blätter erscheinen.

Bild 40. *Cephalotus follicularis.* Foto A. H. P. Weißhaupt

Wie *Sarracenia* kann auch *Cephalotus* im Abstand von 3–4 Wochen eine 3malige Volldüngung (0,1%ige Lösung) erhalten.

Licht und Temperatur

Volles Sonnenlicht ist nicht zu empfehlen. Heller Schatten ist jedenfalls besser als direkte Sonnenbestrahlung. Dabei werden die Pflanzen nachts bei 10–15 °C und am Tag bei 15–20 °C gehalten.

Luftfeuchtigkeit und Wasser

Cephalotus sollte man bei konstanter Luft- und Bodenfeuchtigkeit halten, wobei in den Herbst- und Wintermonaten entsprechend weniger gegossen wird. Die *Cephalotus*-Pflanzen sind jedoch so empfindlich, daß man darauf achten muß, daß kein Wasser in die Kannen kommt. Gefüllte Krüge würden sofort absterben!

Überwinterung

Zur Überwinterung ist wie bei den Sarracenien ein heller und kühler Standort notwendig. Am besten stehen sie in einem Kalthaus bei etwa 6 °C.

Drosera (Sonnentau)

Die Bedeutung des Namens *Drosera* läßt sich aus dem griechischen drosos = Tau ableiten. Wie morgendlicher Tau glitzern die Tröpfchen der zahlreichen Drüsen-,,Haare'' (Tentakel) in der Sonne. Deshalb wird schon von VALERIUS CORDUS (gestorben 1540) der Sonnentau als ,,rorella'' und ,,salsirorella'' (solis ros = Sonnentau) beschrieben.

Die Gattung *Drosera* bewohnt mit 84 Arten den größten Teil der Erde. In der nördlichen gemäßigten Zone Europas ist die Gattung durch den Rundblättrigen Sonnentau (*Drosera rotundifolia*, Bild 41), den Langblättrigen Sonnentau (*Drosera anglica*) und den Mittleren Sonnentau (*Drosera intermedia*) vertreten.

Die übrigen Arten verteilen sich auf das amerikanische, afrikanische und indisch-australische Florenreich. Australien und das benachbarte Neuseeland sind mit 53 Arten ein Zentrum der Gattung. 4 *Drosera*-Arten kommen in Südostasien, 9 im südlichen Afrika und 15 von Brasilien bis zum atlantischen Amerika vor.

Alle *Drosera*-Arten sind Bewohner nährstoffarmer Substrate. Sie wachsen in den *Sphagnum*-Polstern unserer Moore, an Teichrändern und auf feuchtem Sand. Es treten aber auch trockenheitsliebende Formen auf, die mit ihren Zwiebeln längere Trockenperioden überdauern.

Drosera-Pflanzen sind kleinbleibende Kräuter mit dünnfaserigen Wurzeln. Ihre Laubblätter stehen mehr oder weniger dicht in einer grundständigen Rosette. Oben sind sie mit gestielten, roten, reizempfindlichen und beweglichen Verdauungsdrüsen besetzt. Ihre strahligen Blüten befinden sich an scheintraubigen, schneckenförmig eingerollten Blütenständen. Sie setzen sich aus 5 Kelchblättern, 5 Blütenblättern und 5 Staubblättern zusammen. Der Fruchtknoten ist meist aus 3, selten 4 oder 5 Fruchtblättern verwachsen. Die fachspaltige Kapsel enthält zahlreiche sehr kleine Samen.

Bild 41. *Drosera rotundifolia*. Foto B. Kahl

Zu Tausenden wurden unsere heimischen Sonnentau-Arten wegen ihrer krankheitsverhütenden Eigenschaften zum Vertreiben von Warzen, gegen Wassersucht, Brustkrankheiten, Wechselfieber und Augenleiden, bei Engbrüstigkeit und Husten gesammelt. Auch heute noch werden sie als Heilpflanzen verwendet. Die Naphthochinone des Sonnentaus beeinträchtigen das Wachstum von Tuberkelbazillen, und das Chinon Plumbagin wirkt antibiotisch auf Staphylokokken, Streptokokken und Pneumokokken.

Unsere Naturschutzbestimmungen lassen ein gewerbsmäßiges Sammeln von Sonnentauarten nicht zu. Auf dem Drogenmarkt wird deshalb anstelle von *Drosera rotundifolia* hauptsächlich *Drosera madagascariensis* aus Madagaskar gehandelt. In Brasilien wird der Saft von *Drosera villosa* gegen Husten benützt, und *Drosera communis* ist in Pulverform zu reizenden Umschlägen in Gebrauch. Die Zwiebeln von *Drosera whittakeri* liefern in Australien einen roten, die von *Drosera stolonifera* einen grünen Farbstoff (technisch geerntet zum Tönen von Seide). Unsere heimischen Arten wurden früher zum Rot- und Gelbfärben von Zukkerbackwerk verwendet.

Arten und Hybriden

Der Rundblättrige Sonnentau, *Drosera rotundifolia* (Bild 41), ist unsere häufigste Art. Seine kreisrunden Blätter sitzen an den Sproßenden, rosettig gedrängt und dem Substrat angedrückt. Er besitzt lange Internodien, die sich immer oberhalb der *Sphagnum*-Polster unserer Hoch- und Zwischenmoore auf sauren und nährstoffarmen Torfböden halten.

Der Langblättrige Sonnentau, *Drosera anglica*, hat gestielte Laubblätter, die 4- bis 8mal so lang wie breit sind. Er kommt vor allem in Zwischenmooren und im Bereich von Hochmoor-Schlenken auf mäßig sauren Torfböden, oft im Wasser stehend, vor. Der Mittlere Sonnentau (*Drosera intermedia*) besitzt 2- bis 4mal so lange wie breite Blattspreiten. Er ist ziemlich selten auf Flach- und Hochmooren in mäßig sauren Substraten zu finden.

Wo sich *Drosera rotundifolia*, *Drosera anglica* und *Drosera intermedia* treffen, entstehen zuweilen hybride Formen. Am bekanntesten ist *Drosera × obovata*, hervorgegangen aus einer Kreuzung zwischen *Drosera rotundifolia × Drosera anglica*. Dieser Bastard ist steril und hat ein starkes vegetatives Regenerationsvermögen. Diese Tatsache erklärt das Massenvorkommen der unfruchtbaren *Drosera × obovata* an Standorten, wo mindestens ein Elternteil fehlt.

Drosera arcturi

Vorkommen: Tasmanien, Neuseeland

Blätter drüsenlos, breit-linear; Schaft einblütig.

Drosera ascendens

Vorkommen: Brasilien

Blätter linear, unten weichhaarig, oben nur von der Spitze bis zur Mitte mit Drüsen besetzt. Blüten weiß.

Drosera auriculata

Vorkommen: Australien, Neuseeland

Bildet Zwiebeln. Bis 30 cm hoher Stamm. Stengelblätter schildförmig (Bild 42), an einer Seite tief ausgebuchtet und die beiden Spitzen mit langen Drüsenhaaren. Blüten mittelgroß, weiß.

Bild 42. *Drosera auriculata.* Foto S. Seidl

Bild 43. *Drosera binata,* im Hintergrund *Sarracenia flava.* Foto S. Seidl

Drosera banksii
Vorkommen: Australien
Fadenförmiger, 5–10 cm langer Stamm. Schildförmige Blätter, kreisrund. Blüten in einfachen Trauben, mittelgroß, weiß.

Drosera binata
(Drosera dichotoma)
Vorkommen: Australien, Neuseeland
Stamm fast kriechend. Blätter langgestielt, die Spreite in zwei lange lineare Zipfel zerspalten (Bilder 3, 43), die bei der triploiden Form *(Drosera dichotoma)* nochmals gegabelt sind. Blüten groß, weiß.

Drosera brevifolia
Vorkommen: Carolina
Einjährig. Blätter kaum gestielt, keilförmig. Kurzer Blütenschaft mit 3–4 kleinen weißen Blüten.

Drosera bulbosa
Vorkommen: Australien
Bildet Zwiebel. Blätter rosettig gedrängt oder scheinbar quirlständig, länglich, in einen undeutlichen Stiel verschmälert. Die Blüten stehen meist einzeln auf den Stielen, sie sind klein und weiß.

Drosera burkeana

Vorkommen: Südafrika
Blätter kurz gestielt, klein, fast rundlich.
Blütenschaft 5 cm hoch, 2- bis 4blütig, weiß
oder rosa.

Drosera burmanni

Vorkommen: Tropisches Asien und
Australien
Blätter breit, rosettig, langgestielt, verkehrt
eiförmig. Blütenschaft bis 15 cm hoch, Blüten weiß.

Drosera calycina

Vorkommen: Australien
Aufrechter, schlanker Stamm. Blätter
langgestielt, schildförmig, kreisrund oder
leicht ausgebuchtet und 2spitzig. Blüten
weiß oder rot, in lockeren Trauben.

Drosera capensis

Vorkommen: Südafrika
Kurzstämmig, Blätter gestielt, linealisch-
spatelförmig (Bild 44). Kräftiger Blütenschaft mit purpurroten Blüten.

Drosera capillaris

Vorkommen: Carolina
Einjährig. Unterscheidet sich von *Drosera
rotundifolia* durch kurzgestielte Blätter.

Drosera cistiflora

Vorkommen: Südafrika
Stamm bis 20 cm hoch mit lanzettlichen
Blättern. Gestielte Blüten, endständig,
1–6, weiß, rosapurpurn, gestreift mit dunk-
lem Augenfleck.

Drosera communis

Vorkommen: Brasilien
Eiförmige Blätter und sehr langer, unten
behaarter Blütenschaft.
Blüten weiß.

Drosera cuneifolia

Vorkommen: Südafrika
Rosettig sitzende Blätter, keilförmig, verkehrt eiförmig. Blütenschaft bis 30 cm
hoch. Bis zu 16 purpurfarbene Blüten.

Drosera curvipes

Vorkommen: Südafrika
Kurzstämmig mit linear verkehrt eiförmigen Blättern, unterseits spärlich weichhaarig. Wenigblütig, dunkelpurpurn.

Drosera drummondii

Vorkommen: Australien
Kurzstämmig, langgestielte, verkehrt eiförmige Blätter. Blütenschaft bis 10 cm,
glatt oder wollhaarig, wenigblütig. Blüten
groß, rosa.

Drosera erythrorhiza

Vorkommen: Australien
Bildet Zwiebeln. Blätter breit, verkehrt eiförmig bis kreisrund. Blütenschaft bis
10 cm hoch mit sehr lockerer Trugdolde
und weißen Blüten.

Drosera filicaulis

Vorkommen: Australien
Stamm bis 20 cm hoch, unten Blätter
schmal, oben auf fädigen Stielen schildförmig, kreisrund, klein. Blüten groß, rot.

Bild 44. *Drosera capensis.* Foto S. Seidl

Drosera filiformis

Vorkommen: Nord-Amerika
Blätter sehr lang, fadenförmig mit kurzem, am Grunde wolligem Stiel. Blüten leuchtend violettrot, immer nur eine geöffnet. Blütenschaft die Blätter kaum überragend. In Kastenkultur bedingt hart.

Drosera flabellata

Vorkommen: Australien
Blätter alternierend, kreisrund. Blüten weiß in einer endständigen Trugdolde.

Drosera gigantea

Vorkommen: Australien
Bildet Zwiebel. Kräftiger Stamm. Blätter schildförmig, an einer Seite tief ausgebuchtet und die beiden Spitzen in drüsenhaarige Anhängsel vorgezogen. Blüten in endständigen Rispen, klein, weiß.

Drosera glanduligera

Vorkommen: Australien
Blätter in dichter Rosette, fast kreisrund, nicht schildförmig. Blütenschaft kurz, Fruchtstiele zurückgebogen.

Drosera graminifolia

Vorkommen: Brasilien
Blätter aufrecht, lang-linear, unten weichhaarig. Schaft dreikantig, weichhaarig mit einfacher Blütenähre.

Drosera heterophylla

Vorkommen: Australien
Wurzelstock bedeckt mit alten Blattresten. Schildförmige, kreisförmige oder leicht ausgebuchtete und zweizipfelige Blätter. Blüten einzeln oder bis drei in einfachen Trauben mit 8 Blumenblättern, groß, weiß.

Drosera hilaris

Vorkommen: Südafrika
Kurzstämmig mit spatelförmigen Blättern, lanzettlich, in einen breiten Stiel verschmälert. Blütenschaft bis 30 cm mit großen, dunkelpurpurnen Blüten.

Drosera hirtella

Vorkommen: Brasilien
Blätter rundlich-verkehrt eiförmig, beiderseits drüsenhaarig, kurz gestielt. Blütenschaft weichhaarig mit weißlichen bis gelben Blüten.

Drosera huegelii

Vorkommen: Australien
Stamm nicht über 20 cm hoch. Blätter lang gestielt, schildförmig, kreisrund, konkav, meist glockig und zurückgebogen. Blüten groß, rot, in lockerer Trugdolde.

Drosera incisa

Vorkommen: Kuba
Blätter in kleinen Rosetten, fast keilförmig, 3–5zähig, zuweilen in verästelte Zipfel ausgezogen. Kurzer Blütenschaft mit kleinen weißen Blüten.

Drosera indica

Vorkommen: O-Indien und Australien
Stamm bis 50 cm hoch, Blätter linear, Blüten in seitenständigen Ähren, groß, weiß.

Drosera leucoblasta

Vorkommen: Australien
Blätter rosettig, langgestielt, kreisrund. Schaft 2–3blütig, mittelgroße, weiße Blüten.

Drosera linearis
Vorkommen: Kanada
Blätter linear, langgestielt. Kleine weiße
Blüten.

Drosera loureirii
Vorkommen: China
Blätter länglich-spatelförmig, in einen langen, weichhaarigen Stiel zusammengezogen, kleine weiße Blüten.

Drosera macrantha
Vorkommen: Australien
Stamm bis 50 cm, klimmend. Blätter
schildförmig, kreisrund, klein. Blüten groß,
weiß oder rötlich.

Drosera macrophylla
Vorkommen: Australien
Blätter verkehrt eiförmig, in einen dünnen
Stiel zusammengezogen. Blüten 2–3 auf
schlankem Schaft, weiß, groß.

Drosera madagascariensis
Vorkommen: Madagaskar
Stamm mit verkehrt eiförmigen Blättern
und sehr langem Blütenschaft.

Drosera maritima
Vorkommen: Brasilien
Blätter spatelförmig. Blütenschaft kurz mit
kleinen weißen Blüten.

Drosera menziesii
Vorkommen: Australien
Bildet Zwiebel. Stamm bogig aufrecht.
Blätter schildförmig, kreisrund, klein. Blüten in Ähren, groß, weiß, gelb oder rot.

Drosera montana
Vorkommen: Brasilien
Blätter kurz gestielt, länglich. Blütenschaft
flach, drüsenhaarig mit kleinen weißlichen
Blüten.

Drosera myriantha
Vorkommen: Australien
Knollig. Stamm 20 cm hoch, beblättert, unten Blätter schmal, oben schildförmig,
kreisrund, klein. Blüten zahlreich, sehr
klein, weiß.

Drosera neesii
Vorkommen: Australien
Bildet keine Blattrosette. Stengelblätter
schildförmig. Blüten in lockeren Trugdolden, groß, rot oder purpurn.

Drosera nitidula
Vorkommen: Australien
Zierlich mit kurzem Stamm und kurzgestielten, fast kreisrunden, lang gewimperten Blättern. Kurzer Blütenschaft und kleine, weiße Blüten.

Drosera paleacea
Vorkommen: Australien
Sehr klein. Blätter erst in Rosetten dann
an 2–3 cm langen Stämmchen, lang und
schmal gestielt. Blätter verkehrt eiförmig.
Blüten klein, weißlich.

Drosera pallida
Vorkommen: Australien
Stamm bis 40 cm hoch mit schildförmigen,
kreisrunden kleinen Blättern. Blüten weiß
in lockeren Trugdolden.

Drosera parvifolia

Vorkommen: Brasilien
Sehr klein mit spatelförmigen, am Rande nicht drüsenhaarigen Blättern und beiderseits weichhaarigen Blattstielen. Blüten 2–3 auf Schaft.

Drosera parvula

Vorkommen: Australien
Sehr klein, Blätter erst in Rosetten, dann an 2–3 cm hohen Stämmchen dicht gedrängt, lang und schmal gestielt. Blatt verkehrt eiförmig. Blüten lang gestielt, klein, weißlich.

Drosera pauciflora

Vorkommen: Südafrika
Stammlos. Blätter spatelig-keilförmig. Blutenschaft drüsenhaarig, kurz, selten mehrblütig, weiß oder weißlich.

Drosera peltata

Vorkommen: Australien
Bildet Zwiebel. Stamm bis 30 cm hoch mit schildförmigen, halbkreisförmigen Blättern. Blüten groß, weiß, in lockeren Ähren.

Drosera petiolaris

Vorkommen: Australien
Stamm kurz, langhaarig. Blätter rosettig, kreisrund, langgestielt. Blütenschaft bis 20 cm mit mittelgroßen weißlichen Blüten.

Drosera platystigma

Vorkommen: Australien
Blätter sehr klein, kreisrund. Blütenschaft kurz, ein- bis wenigblütig.

Drosera pusilla

Vorkommen: Am Orinoko
Sehr klein mit spatelförmigen, besonders am Rande dicht drüsenhaarigen Blättern, 2–3 Blüten auf Schaft.

Drosera pygmaea

Vorkommen: Australien
Sehr klein mit überwinternder Rosette, langgestielte Blätter, kreisrund. Blütenschaft bis 3 cm, einblütig, klein, weiß.

Drosera ramellosa

Vorkommen: Australien
Blätter alternierend, kreisrund. Blüten groß, weiß.

Drosera ramentacea

Vorkommen: Südafrika
Stamm lang, bis unten von alten Blattresten bedeckt. Blätter langgestielt, schmal, verkehrt eiförmig. Mehrblumiger, langer Blütenschaft. Blüten dunkelpurpurn.

Drosera rosulata

Vorkommen: Australien
Blätter am Stockende rosettig gedrängt, verkehrt eiförmig, kurz gestielt. Blüten einzeln, klein, weiß.

Drosera sessilifolia

Vorkommen: Brasilien
Blätter spatelförmig, eine dichte Rosette bildend. Ährenblütig.

Drosera spathulata

Vorkommen: Australien
Langgestielte, rosettige Blätter, verkehrt eiförmig. Blütenschaft 15 cm hoch, Blüten weiß oder nelkenfarbig.

Drosera spiralis

Vorkommen: Brasilien
Ungestielte, lineare und spiralig gedrehte Blätter. Blütenähren auf langem Schaft.

Drosera stolonifera

Vorkommen: Australien

Bildet Zwiebel. Blätter der Wurzelrosette kurz gestielt, verkehrt eiförmig. Aus dieser Rosette bilden sich etagenweise Blattrosetten mit kreisrunden Blättern. Blüten in Trugdolden, groß, rot.

Drosera tomentosa

Vorkommen: Brasilien

Länglich-elliptische Blätter, am Rande drüsenhaarig, unten weichhaarig, oben borstlich-haarig. Aufrechter Schaft mit weißen Blüten.

Drosera uniflora

Vorkommen: Antarktisches Inselgebiet

Drüsenlose Blätter, fast rundlich und einblütiger Schaft.

Drosera villosa

Vorkommen: Brasilien

Linear-lanzettliche, unten weichhaarige und oben drüsenhaarige Blätter. Aufrechter Schaft und weiße Blüten.

Drosera whittakerii

Vorkommen: Australien

Wie *Drosera bulbosa* und zwiebelbildend. Blattstiel zeigt drei deutliche Nerven.

Kulturansprüche

In den Kapiteln „Hochmoor im Trog", „Insektivoren-Biotop im Garten" und „Insektivorenkästen im Freien" wurde aufgezeigt, daß es gar nicht so schwierig ist, unsere heimischen Sonnentau-Arten in Freilandkultur zu halten. Die nicht winterharten außereuropäischen *Drosera*-Arten hält man in Töpfen. Von der Artenvielzahl lohnt sich für den Anfänger nur der Versuch mit *Drosera binata*. Sie wird von *Drosera capensis* an Wüchsigkeit übertroffen. Für schulbiologische Untersuchungen greift man deshalb gern auf diesen südafrikanischen Sonnentau zurück. Er hilft uns, die Angst vor der Kultur zu überwinden.

Jungpflanzenanzucht

Generative Vermehrung. Wer sich mit der generativen Vermehrung der *Drosera*-Arten befaßt, hat es mit staubfeinen Samen zu tun, die ohne Abdeckung auf Torfmull ausgesät werden. Unsere drei heimischen Sonnentauvertreter sind ausgesprochene Lichtkeimer, die nach einer Frosteinwirkung im Frühjahr am leichtesten aufgehen. Bei der Keimung bildet sich zunächst ein Dauergewebe, aus dem Adventivwurzeln hervorgehen. Zufriedenstellende Erfolge sind nicht bei allen Aussaaten zu erwarten. Aus der unterschiedlichen Bestandsdichte ist es verständlich, daß *Drosera rotundifolia* bei Aussaaten sehr gute, *Drosera intermedia* dagegen geringe Keimergebnisse zeigt. Bei vielen *Drosera*-Arten sind die ersten Blätter rundlich. Erst später tritt eine Differenzierung in einfache und doppelt gegabelte Blattspreiten wie bei *Drosera binata* oder linealisch-keilförmige Blätter wie bei *Drosera anglica* ein.

Vegetative Vermehrung. Den meisten *Drosera*-Arten verhilft eine vegetative Vermehrung zum Massenvorkommen. Unsere heimischen Arten zeichnen sich durch ein Regenerationsvermögen der älteren Blätter aus. Wenn im Herbst die Blattstiele abfaulen, bilden sich in den *Sphagnum*-Polstern, auf feuchtem Torf und Sand auf den *Drosera*-Blättern Adventivsprosse, aus denen die Jungpflanzen hervorgehen.

Unsere heimischen Sonnentau-Arten, der unfruchtbare Bastard *Drosera × obovata* (Bild 45) und viele nicht winterharte *Drosera*-Arten lassen sich durch Auslegen oder Stecken von abgeschnittenen Blättern auf lebendes, fein zerhacktes *Sphagnum* oder feuchten Torf in einem hellen und kühlen Anzuchtkasten vermehren.

Das Ausstreuen von Brutknospen verhilft *Drosera pygmaea* zur vegetativen Verbreitung. In den Wintermonaten bringt die Pflanze aus dem Vegetationskegel Brutschuppen hervor. Sie werden während der Ruheperiode, von Dezember bis März, gesammelt und wie Samen auf feuchten Torf „ausgesät".

Bild 45. *Drosera × obovata*. Foto A. Feßler

Drosera binata, Drosera capensis und *Drosera spathulata* bilden beim Abtrennen starker Wurzeln sogenannte Adventivsprosse. Beim Umtopfen des Sonnentaus werden etwa 2 cm lange, kräftige Wurzelschnittlinge gemacht, in Töpfe oder Schalen mit Torf ausgelegt und leicht abgedeckt. Der günstigste Vermehrungszeitpunkt liegt im Februar vor dem Neutrieb der Pflanzen.

Substrat und Düngung

Im Frühjahr werden die *Drosera*-Arten in breite Töpfe oder Schalen gepflanzt, die mit einem Gemisch aus Torf und Quarzsand (5:1) gefüllt sind. Der Sonnentau kommt auf nährstoffarmen Substraten vor und wächst bevorzugt in *Sphagnum*-Polstern. Der Torf läßt sich auch mit Torfmoos vermischen oder die Oberfläche des Substrates mit *Sphagnum* belegen. Alle *Drosera*-Arten haben im Verhältnis zur Größe der Pflanze ein schlechtes Wurzelvermögen. Dadurch sind sie auf tierische Nahrung angewiesen. Bei der Verabreichung von Dünger trocknen die Schleimtröpfchen ein und die Tentakel sterben ab.

Licht und Temperatur

Im Sommerhalbjahr senkt man die *Drosera*-Töpfe in *Sphagnum* oder feuchten Torfmull ein. Unter Glas in leeren Aquarien oder großen Einmachgläsern werden die subtropischen Arten bei hoher Luftfeuchtigkeit und allenfalls leichter Beschattung im Sommer bei 20–30 °C gehalten.

Luftfeuchtigkeit und Wasser

Im Februar/März, wenn der Neutrieb beginnt, erhalten alle Arten mit strenger Winterruhe wieder mehr Wasser. Dabei wird nicht von oben gegossen, sondern die Untersätze werden gefüllt. Nach dem Motto „Die Köpfe im Feuer, die Füße im Wasser" hält man die Pflanzen sehr sonnig und das Substrat durchdringend feucht. Jedes Austrocknen ist tödlich und jedes Übernässen während der Winterruhe und bei sehr trübem und lichtarmen Wetter gefährlich. Wenn im September das Wachstum stagniert, ist die Wasserzufuhr langsam einzuschränken.

Überwinterung

Winterharte Arten, wie unsere einheimischen *Drosera anglica*, *Drosera intermedia*, *Drosera rotundifolia* und *Drosera × obovata* lassen sich das ganze Jahr in Freilandkultur halten. Sie bilden im Herbst Erneuerungsknospen, aus denen es ihnen im Frühjahr durch die Bildung längerer Internodien gelingt, die Moosdecke zu durchwachsen und neue Blattrosetten zu entwickeln. Eine leichte Winterruhe bei 5–6 °C ist bei all den Arten einzuhalten, die mit ihren krautigen Teilen langsam absterben und ruhen, z. B. *Drosera binata* und *Drosera filiformis*. Die Wurzelstücke sind dann mäßig feucht zu halten.

Die immergrünen, subtropischen Arten werden im Winter bei 15–18 °C und möglichst hell und feucht gehalten.

Wenn bei den Zwiebel-*Drosera* der Neutrieb im Herbst erscheint, werden die Pflanzen feucht und hell bei 15–25 °C überwintert (hierzu zählen die australischen *Drosera*-Arten). Im Frühjahr beginnen die oberirdischen Triebe langsam abzusterben. Während der Sommerruhe sind die Töpfe trocken und schattig zu halten.

Drosophyllum lusitanicum (Taublatt)

Das *Drosophyllum* (Bild 11) ist eine monotypische Gattung aus Portugal, dem südwestlichen Spanien und Nordmarokko. Bezüglich seiner Pflegeansprüche unterscheidet es sich von den anderen Insektivoren. Es wächst unter lockeren Kiefernbeständen also auf sandigen Böden, und ist in den trockenen Küstenebenen auf die Seenebel angewiesen.

Die Wasserversorgung der Pflanzen erfolgt zum Teil über die schmal-linearen, dicht mit sitzenden Drüsen und gestielten Tentakeln besetzten Blätter. Auffallend sind im Jugendstadium das schneckenförmig eingerollte Laub dieses kurzstämmigen Halbstrauches von 25–50 cm Höhe und die großen gelben Blüten, die mit ihren 5 Kelch- und Blütenblättern, 10–20 Staubblättern und 5 Griffeln an gewisse Cistaceae erinnern. Die Bedeutung des Namens leitet sich vom griechischen drosos = Tau und phyllon = Blatt ab.

Kulturansprüche

Vom klimatischen Standort lassen sich Rückschlüsse auf die Kultur ziehen. Undurchlässige Substrate, stagnierende Feuchtigkeit, wenig Licht und jede Wurzelstörung führen zum vorzeitigen Absterben der Pflanzen. Wenn das Taublatt bei Regen eine Fensterabdeckung erhält, läßt es sich im zweiten Jahr ins Freie stellen. Seine Blätter sind dann so reich mit Insekten besetzt und die Pflanzen zeigen eine so kräftige Entwicklung, daß bereits im dritten Jahr eine Vollblüte und ein guter Samenertrag zu erwarten sind.

Jungpflanzenanzucht

Die Anzucht von *Drosophyllum lusitanicum* erfolgt im Januar/Februar durch Aussaat. Das Substrat zur Aussaat und zur Weiterkultur setzt sich aus Weißtorf und grobem Quarzsand (4:1) zusammen. Die Aussaat erfolgt in 5 cm-Töpfe. Vor dem Einfüllen des Substrats wird das Abzugsloch bis zum Topfrand verbreitert, damit die feuchtigkeitsempfindlichen Pflanzen durch Bildung eines Wurzelzopfes nicht das Abzugsloch verstopfen und Staunässe verursachen.

Wir legen jeweils 5 Samen pro Topf aus, drücken sie etwas ein (ca. 0,5 cm) und gießen durchdringend an. Die Aussaattöpfe füttern wir in einen ca. 25 cm hohen Behälter, der zur Hälfte mit Torf angefüllt ist, ein. Zwischen den Töpfen und dem Rand des Behälters lassen wir einen 15 cm hohen Luftraum.

Nur frisches Saatgut und eine Vorbehandlung der Samen mit schwefelsäurehaltigem Wasser gewähren ein gutes Keimergebnis von 70–80% (Samen 15 Stunden in eine 0,4- bis 4,0%ige Schwefelsäure-Lösung legen. Vorsicht, stark ätzende Säure!). Das Keimen läßt sich beschleunigen, wenn wir den Behälter mit einer Glasscheibe oder Zeitungspapier abdecken. Bei einer Temperatur von 22°C am Tag und 18°C nachts zeigen sich die ersten Sämlinge nach 17 Tagen. Sobald sie erscheinen, entfernen wir die Abdeckung, halten die Töpfe sonnig und gießen vorsichtig, wenn das Substrat trocken wird.

Nach dem Aufgehen der Samen läßt man pro Topf nur noch 2 Pflanzen stehen. Mehr Pflanzen würden sich gegenseitig bedrängen und nach 2 Jahren absterben. Da das Taublatt auf jede Wurzelstörung sehr empfindlich reagiert, darf man weder die Sämlinge pikieren, noch die größeren Pflanzen später ein- oder umtopfen. Man schneidet die schwächsten Sämlinge daher einfach mit einer Schere heraus.

Eine Woche später nimmt man die Töpfe aus dem großen Behälter und füttert sie mit Torf in 10 cm-Töpfe ein. Zur Verhinderung von Algenbildung deckt man den Torf mit Sand ab.

90

Substrat und Düngung

Das Taublatt besitzt im Gegensatz zu den meisten Insektivoren gut entwickelte Wurzeln, die gegen Verletzungen äußerst empfindlich sind. *Drosophyllum lusitanicum* darf deshalb während der gesamten Kultur nicht verpflanzt und nicht gedüngt werden. Die gesamte Ernährung beschränkt sich auf den Insektenfang, wobei im Verlauf einer Vegetationsperiode von jeder Pflanze über 1000 Fliegen und Motten gefangen werden.

Weiterkultur

Wenn die Sämlinge das dritte bis vierte Blatt entwickelt haben, erfolgt die Weiterkultur in einem etwas kühleren Raum bei 20°C. Sowie es die Witterung erlaubt (Mitte Mai), stellt man die Pflanzen in einen ungeheizten Frühbeetkasten auf Sand (nicht einsenken). Es ist unerläßlich, viel zu lüften und sparsam zu schatten. Junge *Drosophyllum*-Pflanzen vertragen auch keine zu hohe Bodenfeuchtigkeit – auf der anderen Seite dürfen die Töpfe natürlich auch nicht austrocknen. Man wässert die Pflanzen erst dann, wenn sie zu welken beginnen.

Überwinterung

Drosophyllum-Pflanzen dürfen im Winter nicht zu naß und zu dunkel stehen. Sie werden nahe am Glas und kühl bei 6–8°C gehalten.

Byblis (Regenbogenpflanze)

Der Name dieser Gattung geht auf die Ausscheidung der Drüsenköpfe zurück, die in der Sonne wie die Tränen der Byblis, der schönen Tochter von Milenus, glänzen und das Licht in alle Farben des Spektrums spalten (Regenbogenfarben).
Die australische Gattung *Byblis* besitzt 2 Arten: *Byblis gigantea* und *Byblis liniflora* (Bild 14).
Die Gattung *Byblis* wurde von dem Pflanzensammler JAMES DRUMMOND entdeckt. Der englische Botaniker, Gärtner und Zeichner R. A. SALISBURY (1761–1829) beschrieb sie erstmals 1808 in seinem Werk „The Paradisus Londinensis".
Byblis gigantea kommt südlich von Perth in sandigem Boden vor. *Byblis liniflora* bevorzugt Küstenregionen; hier wachsen die Pflanzen an Ufern von Tümpeln, Wasserfällen und in Sumpfgebieten. Ihr Distrikt erstreckt sich entlang dem De Grey-Fluß in Westaustralien nach Osten durch das nördliche Territorium bis zur Kap York-Halbinsel in Queensland.
Die halbstrauchige *Byblis gigantea* erreicht – trotz ihres Artnamens – keine riesigen Dimensionen. Völlig ausgewachsen ist sie maximal 25 cm hoch, wobei die im spitzen Winkel zum Stamm gestellten Blätter 30 cm lang werden.
Byblis liniflora wird selten höher als 15 cm. Ihre Stengel sind dünn, die Blätter dreikantig-fadenförmig.
Bei beiden Arten sind Blätter, Stengel, Blütenschäfte und Kelchblätter mit schleimabsondernden Drüsen besetzt.
Vom Frühjahr bis zum Herbst erscheinen

in ununterbrochener Folge aus den Blattachseln die strahlenförmigen Blüten, die von langen, schlanken Stengeln getragen werden. Bei *Byblis gigantea* erreichen die Blüten 2 cm Durchmesser, die Blüten von *Byblis liniflora* dagegen werden nur etwa halb so groß. Die seidig-weichen Blütenblätter von *Byblis gigantea* sind lila-violett, die von *Byblis liniflora* erinnern an blaue Flachsblüten. Zu dem Lila-Violett-Blau der breit-ovalen Blütenblätter stehen die leuchtendgelben Staubgefäße in lebhaftem Kontrast.

Kulturansprüche

In der Regel empfiehlt es sich, bei der *Byblis*-Kultur die Wachstumsperioden genau zu beachten. *Byblis liniflora* ist eine kurzlebige Pflanze.

Jungpflanzenanzucht

Byblis wird generativ durch Samen vermehrt. Frisches Saatgut zeigt eine verhältnismäßig gute Keimfähigkeit. Als Kultursubstrat eignet sich Torf mit etwas Perlite. Ein idealer Zeitpunkt für die Aussaat ist der Januar. Man legt die Samen in 8 cm-Töpfe. Die Samen keimen in temperierten Kulturräumen bei 20°C auf feuchtem Torf und ohne Abdeckung nach ewa 2–6 Wochen.

Das Pikieren aus den 8 cm-Töpfen erfolgt nach Bildung von zwei Blattpaaren. Um kräftige Schaupflanzen zu bekommen, werden von *Byblis gigantea* 2–3 Sämlinge in einen 12 cm-Topf gesetzt. Bei *Byblis liniflora* kommen 6 Pflanzen in einen 10 cm-Topf.

Dabei werden bevorzugt Tontöpfe verwendet. Sie sind besser in der Lage, über die porösen Wände Wasser aufzunehmen.

Substrat und Düngung

Die Wurzeln der *Byblis* lieben ein lockeres und durchlässiges Substrat. Man findet *Byblis*-Arten in Australien auf sandigen, nährstoffreichen Böden, die – zumindest während der Wachstumszeit – mit Wasser durchtränkt sind. Für die Kultur eignet sich Weißtorf, dem als Stabilisator 20–30 % Perlite beigegeben sind. Gedüngt wird nicht.

Licht und Temperatur

Ihrer Herkunft entsprechend benötigt *Byblis* im Sommer das volle Licht, eine hohe Luftfeuchtigkeit und Temperaturen von 20–30°C.

Luftfeuchtigkeit und Wasser

Das Wachstum von *Byblis gigantea* beginnt im Frühjahr mit dem Angießen der ruhenden Pflanzen. Sie entwickeln sich bei ständig wassergefülltem Untersatz zu drahtigen Halbsträuchern mit einem erstaunlichen Überfluß an Farben.

Im Herbst bringt ein Entzug der Feuchtigkeit den jährlichen Wachstumsstop. Die Pflanzen sterben oberirdisch ab und ruhen mit ihren Rhizomen bis zum Frühjahr. *Byblis*, die im Winter gegossen werden, hält man sehr hell und temperiert bei 15–20°C. Bei den kurzlebigen *Byblis liniflora* empfiehlt sich eine jährliche Nachzucht.

Krankheiten und Schädlinge

Bei hoher Luftfeuchtigkeit zeigt sich bei *Byblis*-Pflanzen häufig der mehligweiße Belag der Echten Mehltaupilze. Um diese gefürchteten Pilze vorbeugend zu bekämpfen, empfiehlt sich das „terrasan-Pflanzen-Spray", das zugleich einen weiteren Schädling, die Wollaus, abtötet.

Pinguicula (Fettkraut)

Im holarktischen Florenreich liegt das flächenmäßig größte Verbreitungsgebiet der etwa 50 *Pinguicula*-Arten. Das eigentliche Massenzentrum befindet sich im nördlichen Teil des neotropischen Florenreiches Mittel- und Südamerika.

Pinguicula-Arten bevorzugen bodenfeuchte und konkurrenzarme Standorte auf Sand, Feinschutt, Lehm oder Humus. Zwei Arten leben epiphytisch.

Auf diese Ganzrosettenpflanzen wurde bereits in der Handschrift „Macer de herbarium…" des VITUS AUSLASSER 1479 hingewiesen. Dort wird die *Pinguicula* als „smalz chrawt (= Fettkraut)" bezeichnet. 1555 prägt der Schweizer Naturwissenschaftler K. GESSNER (1516–1565) nach lat. pinguis (= fett, dick) den Namen *Pinguicula*.

Pinguicula-Pflanzen bilden dem Boden anliegende Blattrosetten aus. Die Blüten sind gespornt und sitzen einzeln an 5–15 cm langen Stielen. Sie können je nach Art eine Größe von 1–5 cm erreichen. Durch ihre purpurfarbene, violette oder gelbe Färbung finden sie große Aufmerksamkeit.

In gärtnerischer Kultur befinden sich nur wenige Arten. Sie lassen sich entsprechend ihrer geographischen Herkunft in winterharte und nicht winterharte Arten einteilen.

Pinguicula alpina (Alpen-Fettkraut)

Vorkommen: In Rieselfluren oder Quellmooren der Pyrenäen, des Jura, der Alpen, von Schottland, Irland und Fennoskandinavien.

Kleine, nickende, weißlichgelbe Blüten, die im Mai/Juni zur Entfaltung kommen. Die rosettig angeordneten Laubblätter sind dem Substrat angedrückt. Winterhart (Bild 46).

Pinguicula alpina bildet Winterknospen, in denen sich die Blattanlagen für das nächste Jahr befinden. Neben der generativen Vermehrung durch Samen entwickeln sie in den Achseln der oberen Laubblätter 3 mm große Brutzwiebelchen.

Pinguicula grandiflora (Großblütiges Fettkraut)

Vorkommen: Auf Sickerwasserflächen und an Bachrändern der Pyrenäen, des Juras und in Irland.

Hat die größten Blüten unter den europäischen Arten. 3–3,5 cm große, blaue Krone mit zwei weißen Schlundflecken auf 10–20 cm hohen Blütenschaft. Blüht Mai/Juni. Habitus, Winterknospen und Brutzwiebeln wie *Pinguicula alpina*. Winterhart.

Pinguicula gypsicola

Vorkommen: Mexiko. Zusammen mit Kakteen und Hechtien auf Gips.

Große, purpurfarbene Blüten mit kurzer, weißer Röhre und 2,5 cm langem, zweizähnigem Sporn. Blühen im Sommer. Die Rosetten werden aus schmalen, linealischen, am Grunde verbreiterten Blättern gebildet. Nicht winterhart.

Pinguicula moranensis (Pinguicula caudata)

Vorkommen: Mexiko

Im Sommer erscheint auf 10–15 cm hohem Blütenschaft eine 5 cm große Blüte mit karminroter Blütenkrone und hellerem,

rotgestricheltem Schlund. Der Sporn ist etwa 3–4mal so lang wie die Kronröhre. Die rundlich-ovalen Blätter bilden eine kreisrunde Rosette. Nicht winterhart (Bilder 13, 47).

Pinguicula vulgaris (Gemeines Fettkraut)

Vorkommen: In weiten Teilen Europas auf Hoch- und Flachmooren
Blüten mittelgroß. Sie sitzen einzeln auf einem 5–10 cm langen Schaft. Im Mai/Juni entfaltet sich die blauviolette Blütenkrone mit dem weißen Schlundfleck. Habitus, Winterknospen und Brutzwiebelbildung wie bei *Pinguicula alpina.* Winterhart.

Jungpflanzenanzucht

Winterharte Arten. Die sehr kleinen 0,5–1,0 mm langen, goldbraun gefärbten Samen werden sofort nach der Ernte auf feuchten Torf ohne Erdabdeckung ausgesät. Bei der Keimung entwickelt sich nur ein Keimblatt und eine Hauptwurzel, die später durch Adventivwurzeln ersetzt wird. In den Achseln der oberen Laubblätter bilden die winterharten Arten 3 mm große, gestielte Brutzwiebelchen, die zwischen den Blattresten der Mutterpflanze überwintern. Zur vegetativen Vermehrung werden diese Zwiebelchen gesammelt und wie Samen ausgesät.

Nicht winterharte Arten. Die Aussaat erfolgt auf einem Gemisch aus feuchtem feingeriebenem moosigem Torf und Torfmoos. Das *Sphagnum* wird mit einem Wiegemesser fein geschnitten. Dadurch bleibt die Moosdecke flach und beginnt nicht hochzuwachsen.

Nach der Bildung von Dauerrosetten lassen sich die Winterknospen zur vegetativen Vermehrung verwenden.
Die Nachzucht aller Arten kann durch Blattstecklinge erfolgen. Die Stecklinge werden in feuchten Sand oder kleingehacktes *Sphagnum* gesteckt.
Die optimale Temperatur für die Bewurzelung und Adventivtriebbildung liegt bei 15–20 °C.
Ausläuferbildende Arten wie *Pinguicula vallisneriifolia* und *Pinguicula calyptrata* lassen sich teilen.

Substrat und Düngung

Das Wurzelsystem der *Pinguicula* ist für die Mineralstoffaufnahme ungenügend ausgebildet. Die Pflanzen sind deshalb auf tierische Nahrung angewiesen.
Als Substrat verwenden wir lockeren Torf, bei den nicht winterharten Arten wird fein geschnittenes *Sphagnum* unter den Torf gemischt. *Pinguicula alpina* kann in kalkhaltiger Niedermoorerde stehen.
Die Töpfe von *Pinguicula gypsicola* füllt man bis unter den Rand mit Ziegelsplitt. Darüber kommt ca. 2 cm grober Sand und als eigentliches Pflanzsubstrat eine dünne Decke aus Torf und *Sphagnum.*
Wenn beim Ein- oder Umtopfen Wurzeln abbrechen oder verletzt werden, zeigt *Pinguicula* eine Reizbewegung: Das Laub krümmt sich nach unten, und das Wasser wird so lange von der Blattunterseite aufgenommen, bis die Wurzeln nachgewachsen sind.

Licht und Temperatur

Im Winter werden die nicht winterharten Arten (*Pinguicula gypsicola* und *Pinguicula moranensis*) bei einer Temperatur von

12–15°C im Lauwarmhaus gehalten. Im Sommer können sie auch in einem feucht-kühlen Kasten, in Torf oder *Sphagnum* ein-gesenkt, sehr hell stehen. Hält man *Pingui-cula moranensis* ganzjährig unter Warm-hausbedingungen, so beginnen ihre Rosetten sehr schnell abzubauen. Diese Art wird vielfach in den Orchideenhäusern, aber auch zwischen Farnen, Gloxinien, Usambaraveilchen, Hibiscus, Erika und Blatt- und Peitschenkakteen zum Schutz vor lästigen Trauermücken und ihren Larven aufgestellt (Bild 47).

Alle winterharten Arten eignen sich für „Hochmoor im Trog", „Insektivorenbiotop im Garten" und „Insektivorenkästen im Freien".

Luftfeuchtigkeit und Wasser

Pinguicula-Pflanzen in Töpfen oder Schalen dürfen nicht direkt mit Wasser in Berührung kommen. Während des Wachstums wird durch Anstau über den Untersatz mit Regenwasser gegossen. Freilandkulturen sind während der Vegetationszeit genügend feucht zu halten. Die Blätter sind in der Lage, mit den zahlreichen Drüsen auch Niederschlagsfeuchtigkeit aufzunehmen.

Überwinterung

Im Spätsommer zeichnen sich die *Pinguicula*-Arten durch die Entwicklung von Endknospen (Winterknospen) aus: Winzige Schuppenblätter treten zu einer kleinen „Winterzwiebel" zusammen, in der sich bereits die Blattanlagen für das nächste Jahr befinden. Wenn nach der Ruheperiode im Frühjahr die Temperaturen wieder ansteigen, kommt es zur Entwicklung stattlicher Rosetten.

Bild 47. *Pinguicula moranensis.* Foto S. Seidl

Die nicht winterharten Arten benötigen unbedingt eine Ruhezeit. Dazu hält man die Pflanzen dann bei 6–8°C.

Roridula (Taupflanze)

Die geographische Verbreitung der Gattung *Roridula* beschränkt sich auf das südwestliche Kapland. *Roridula gorgonias* (Bild 12) bewohnt die Berge südlich vom Zondereinde-Fluß, und *Roridula dentata* kommt von Tulbagh nordwärts bis zu den Zedernbergen vor.

Auffallend sind die „betauten" (lat. roridus = betaut) Blätter. Sie stehen gehäuft an den Enden der Zweige, etwa 7–10 cm lang, linear-lanzettlich, ungeteilt *(Roridula gorgonias)* oder fiederspaltig-gezähnt *(Roridula dentata).* Vorwiegend auf der Unterseite und am Rande der Blätter sitzen lang-gestielte Tentakel in unterschiedlicher Größe.

Beide Arten sind ausdauernde Sträucher; *Roridula gorgonias* wird 30–100 cm hoch, verzweigt sich wenig und wächst an sumpfigen Stellen. *Roridula dentata* erreicht 150 cm Höhe, ist stark verzweigt und besiedelt trockene Standorte.

3–4 Jahre nach der Aussaat bringt *Roridula* im Januar/Februar ihre Knospen zur Entfaltung. Diese sitzen in endständigen Trauben und haben zwei Vorblätter. Den rosafarbenen Blüten fehlen bei uns die natürlichen Befruchtungsvermittler, so daß man

diese „Arbeit" selbst erledigen muß: Mit einem feinen Pinsel überträgt man vorsichtig den Blütenstaub auf die Narbe. Aus den bestäubten Blüten ist eine reiche Ernte zu erwarten.

Jungpflanzenanzucht

Die *Roridula*-Nachzucht erfolgt in den ersten Februartagen. Flache Topfschalen (ca. 10 cm Durchmesser) werden mit einem Substrat gefüllt, das sich aus $2/3$ Weißtorf mit einem pH-Wert von 4,5–5,5 und $1/3$ kalkfreiem Quarzsand zusammensetzt. Die ausgelegten Samen werden mit Substrat überdeckt. Jetzt werden die Töpfe durchdringend gewässert, mit einer Glasscheibe abgedeckt und 3 Tage ins Freie gestellt. (Das Schwitzwasser ist jeden Morgen durch Umdrehen der Glasscheiben zu entfernen!) *Roridula*-Arten sind ausgesprochene Frostkeimer. Die leicht angequollenen Samen vertragen Temperaturen bis zu $-25\,°C$. Aussaaten, die nicht dem Frost ausgesetzt werden, zeigen zwar ein gutes Keimergebnis, die Sämlinge laufen jedoch sehr ungleichmäßig auf.

Vor und während der Keimung muß man die Schalen ständig feucht halten. Wir füllen in die Untersätze jeden Tag so viel Wasser nach, wie das Substrat aufzunehmen vermag. *Roridula*-Arten dürfen nur mit kalkfreiem Wasser gegossen werden.

Bei Temperaturen von 22–25 °C und bei Verwendung von ein- bis zweijährigem Saatgut ist nach 5–6 Wochen mit einem 90%igen Keimergebnis zu rechnen.

2–3 Wochen nach dem Auflaufen werden die Sämlinge im Abstand von 4–6 cm in 20- bis 25 cm-Topfschalen pikiert. In den ersten Wochen hält man die pikierten Sämlinge bei gespannter Luft. Während dieser Zeit wird nur von oben gegossen. Nach dem beginnenden Triebwachstum kultiviert man in einem hellen und luftigen Kalthaus weiter.

Weiterkultur

Wie bei den Jungpflanzen setzt sich im Endtopf das Substrat aus $2/3$ Weißtorf und $1/3$ kalkfreiem Quarzsand zusammen.

Während der gesamten Kultur ist durch wiederholtes Auflockern des Substrates für eine gute Durchlüftung zu sorgen. Die alte Substratschicht kann dabei abgenommen und durch frisches Substrat ersetzt werden. Eine Verdauung von tierischem Eiweiß durch die drüsenbesetzten *Roridula*-Blätter konnte nicht nachgewiesen werden. Um die gefangenen Insekten den Pflanzen nutzbar zu machen, wird das abgestorbene Laub sorgfältig gesammelt und auf die Töpfe gelegt. Somit wird das Eiweiß der Insektenkörper als Organdünger den Wurzeln zugeführt.

Man kann die Pflanzschalen aber auch in mineralisch gedüngten Torf (3 g wasserlöslichen Volldünger auf 1 Liter Torf) einsenken. Im Vergleich zu ungedüngten Pflanzen zeigt sich hier bald ein deutlicher Wachstumsvorsprung.

Licht und Temperatur

Roridula braucht volles Licht und darf nicht schattiert werden. Im Sommer ist an heißen Tagen gut zu lüften.

Luftfeuchtigkeit und Wasser

An warmen Tagen läßt sich durch Einschalten der Luftbefeuchter, durch Aufgießen der Wege oder Überspritzen der Stellagen die Raumfeuchte erhöhen. Bei sehr hohen

Außentemperaturen können auch die Pflanzen leicht besprüht werden.

Das Gießen erfolgt nach dem Anwurzeln nur noch über den Untersatz. Während der Hauptwachstumszeit im Sommer richten sich die Wassergaben nach dem Verbrauch. In warmen Räumen und bei Sonnenschein läßt man das Wasser vom Substrat aufsaugen. Die Pflanzen dürfen nie trocken stehen – Staunässe vertragen sie jedoch auch nicht. Überschüssiges Wasser muß man daher stets aus dem Untersatz entfernen.

Überwinterung

Ab Ende Oktober hält man die *Roridula*-Pflanzen hell und sehr luftig bei einer Temperatur von 6–8 °C. Gleichzeitig schränkt man die Wassergaben ein und füllt den Untersatz nur noch halb. Bis Anfang Februar genügt ein 2- bis 3maliges Gießen im Monat. Ab Februar steigert man die Wassergaben.

Die Pflanzen beginnen wieder zu wachsen.

Dionaea muscipula (Venusfliegenfalle)

Eine monotypische Gattung, die um die Mitte des 18. Jahrhunderts von dem botanisch und zoologisch interessierten englischen Kaufmann JOHN ELLIS (1705–1776) in einem Waldsumpf an der atlantischen Küste der USA entdeckt wurde.

Sie wächst nur im küstennahen Carolina auf *Sphagnum*-Mooren und auf feuchten, anmoorigen Heiden. ELLIS benannte diese Pflanze *Dionaea* nach Dione, der Mutter der Venus, und *muscipula* (lat. = Fliegenfalle) nach ihrem Fangmechanismus.

Die Venusfliegenfalle (Titelbild, Bild 1) besitzt unverzweigte weiße, sehr starke, jedoch kurze Wurzelstümpfe, die mehr dem Verankern im Boden als der Nahrungsaufnahme dienen.

Die Blätter sind in eine grundständige Rosette zusammengedrängt. Auf dem blattartig verbreiterten Stiel sitzen die zu Klappfallen (s. S. 27) umgewandelten Blätter.

Die Blätter der Venusfliegenfalle können in Färbung und Größe stark variieren, ebenso die Stiellängen. Die Form der Blätter ändert sich dagegen kaum, auch nicht durch besondere Kulturmaßnahmen.

Die doldentraubigen, weißen Blüten erscheinen im Frühjahr auf kräftigen Stielen. Sie setzen sich aus je 5 Kelch- und Blütenblättern, 15 – selten 20 – Staubblättern und 5 Fruchtblättern zusammen. Nach einer künstlichen Bestäubung bilden sich im Sommer die Samen.

Jungpflanzenanzucht

Generative Vermehrung. Die Samenkapseln der Venusfliegenfalle enthalten zahlreiche Samen, die sofort nach der Ernte in flache Schalen mit Torf oder Heideerde mit *Sphagnum* ausgesät werden sollten. Nach 4 Wochen keimen die Samen. Wenn die Sämlinge im Winter durchkultiviert werden, erhält man nach 2 Jahren kräftige Pflanzen.

Vegetative Vermehrung. Gut bestockte Venusfliegenfallen lassen sich am Ende der Blühperiode – im Februar – durch Teilung vermehren. Um die ohnehin kurzen Wurzelstümpfe zu schonen, kann man auch Blattstecklinge mit ihren Stielen in feuchtes Torfmoos stecken.

Substrat und Düngung

Das Ein- und Umpflanzen erfolgt mit Beginn der Vegetationsperiode. Im zeitigen Frühjahr werden sie in Weißtorf ohne Düngerzusatz gesetzt. Der Austrieb läßt sich in den ersten Wochen in warmer und gespannter Luft beschleunigen. Später gewöhnt man die Venusfliegenfallen ohne Glasschutz an die Luft und das volle Licht. Noch vor dem Einpflanzen wird der angefeuchtete Torf in 11er bis 13er-Topfschalen eingefüllt, gut angedrückt und in der Mitte zu einem kleinen Hügel aufgewölbt. Die Venusfliegenfallen sind Gemeinschaftspflanzen, die in kleinen Gruppen von 10–15 Stück zusammengefaßt werden. Wenn sie einzeln in 6er- bis 8er-Töpfen stehen, stellt man sie in Schalen zusammen und füllt die Zwischenräume mit *Sphagnum* oder Torf aus.

Licht und Temperatur

Die schöne Rotfärbung der Blätter ist nicht nur dem intensiven Sonnenlicht zu verdanken. Es scheint, daß vor allem tiefe Temperaturen einen Farbwechsel herbeiführen, wobei auch mäßiger Schatten ein dunkles Rot hervorbringt.
Venusfliegenfallen werden nur an heißen Tagen leicht schattiert. Man stellt sie sonst voll ins helle Licht. Den besten Zuwachs zeigen die Pflanzen mit zunehmender Tageslänge im März/April.
Die Pflanzen gedeihen bei niederen Temperaturen von 15°C ebenso wie bei einer Heizwärme von 20°C.

Luftfeuchtigkeit und Wasser

Wesentlich für die Kultur sind gleichbleibende Bodenfeuchtigkeit und wassergesättigte Luft von über 50%. Vorsicht: In einem geschlossenen Glasgefäß bei stagnierender Luft- und Bodenfeuchtigkeit werden die Blätter schwarz und beginnen zu faulen! Auch jeder unnötige Reiz verkürzt die Lebensdauer der Blätter. Spätestens nach der 7. Reizbewegung beginnt ein Blatt abzusterben.
In zentralgeheizten Räumen stellen die Pflanzen ihr Wachstum ein, erschlaffen und sterben nach kurzer Zeit ab. Am besten gedeihen Venusfliegenfallen in einem Frühbeetkasten, in Schalen oder Vitrinen, die mit lebendem Torfmoos ausgelegt sind. Töpfe und Schalen kann man nach dem Bepflanzen auch in wassergefüllte Untersetzer stellen. Venusfliegenfallen vertragen kein Überbrausen oder ständiges Benetzen.

Überwinterung

Mit Beginn der Winterruhe wird weniger gegossen, und die Blätter beginnen abzusterben. Während der Ruhezeit sind die Pflanzen sehr kühl zu halten, 6–8°C genügen.
Gut ausgereifte Dionaeen und Herkünfte aus Nordcarolina überstehen im Winter sogar Temperaturen bis −15°C. Zusammen mit Schlauchpflanzen können sie auch in einem tiefen Kasten stehen. Sie lassen sich aber auch in einem Warmhaus ohne Ruhezeit durchkultivieren, nur blühen sie dann selten oder überhaupt nicht.

Aldrovanda vesiculosa (Wasserfalle)

Die Gattung *Aldrovanda* ist monotypisch. Sie wurde bereits 1747 von dem Italiener MONTI aus Bologna nach dem italienischen Naturforscher ULISSES ALDROVANDI (1522–1605) als *Aldrovandia* beschrieben. Wegen ihrer kleinen „Fangblasen" an den Blättern erhielt sie als Artnamen die Verkleinerungsform von vesica (lat. = Blase). *Aldrovanda vesiculosa* wächst in den Reisfeldern Vorderindiens, in den Sümpfen und warmen Teichen von Mittel- und Südeuropa, Afrika, Japan und Australien.

Die Wasserfalle ist eine völlig wurzellose, frei im Wasser schwimmende Pflanze (Bild 15). Am einen Ende der Stengelglieder bildet sie einen Blattquirl nach dem andern. Die 5- bis 10zähligen Quirle (Bild 48), die einen Durchmesser von 8–10 mm erreichen, sterben am entgegengesetzten Ende der Stengel wieder ab. Die wenig verzweigten Pflanzen erreichen eine Länge von etwa 20 cm. Ihre Schwimmfähigkeit verdanken sie ausgedehnten Hohlräumen. (Früher wurde diese Schwimmfähigkeit den eingeklemmten Luftbläschen in den geschlossenen Fallen zugeschrieben.)

Die Blätter sind zu einem Fangapparat umgebildet. Die umfunktionierten Blattspreiten, die aus zwei reizbaren, beweglichen Halbkreisen bestehen, sind mit zwei- bis vierarmigen Haaren und zerstreut stehenden Borsten besetzt. Die Schließbewegung setzt sofort ein, wenn die von der Blattfläche abstehenden sensiblen Haare gereizt werden. Sowie die Verdauung abgeschlossen ist, öffnen sich die Fallen wieder.

In heißen Sommern und bei niederem Wasserstand erscheinen in den Blattwinkeln zweierlei Blüten: geschlossene Blüten, die auf zentimeterlangen Stielen über dem Wasser stehen und sich nicht öffnen (kleistogame Blüten) und kleine grünlich-weiße Blüten, die sich öffnen und der Fremdbestäubung zugänglich sind (chasmogame Blüten).

Kulturansprüche

Die wurzellosen, freischwimmenden Pflanzen kultiviert man in kalkarmem Wasser, das man in kleine Aquarien oder flache Schalen füllt. In voller Sonne entwickeln sich die Pflanzen gut. Jeder Wasserwechsel und jedes Auswechseln des Bodengrundes verursachen jedoch eine Schockwirkung, die zu Wachstumsstockung und Absterben der Knospen führt.

Bild 48. *Aldrovanda*-Blattquirl

101

Jungpflanzenanzucht

Im Spätherbst entwickeln sich Winterknospen. Diese Winterknospen werden eingesammelt und in einem kleinen Glas mit Wasser frostfrei gehalten. Wenn die überwinterten Knospen ihre dunkelgrünen Blattkreise entfalten, füllt man die Behälter mit neuem Bodengrund und gibt frisches Wasser nach. Bald schiebt sich aus den derben Knospen ein Quirl nach dem anderen hervor.

Substrat und Düngung

Da Wurzeln zur Nährstoffaufnahme fehlen, ist die Pflanze ausschließlich auf tierische Nahrung aus dem Wasser angewiesen. *Aldrovanda* fängt vorwiegend Wasserflöhe und Hüpferlinge. In einem humushaltigen Bodengrund finden diese kleinen Insekten gute Lebensbedingungen, so daß die Wasserfalle genügend Nahrung bekommt. Bei gutem Nahrungsangebot entwickelt sich *Aldrovanda vesiculosa* so stark, daß die Pflanze bis zu 20 cm lang wird und die Blattquirle ziemliche Größen erreichen.

Licht und Temperatur

Wer über ein Warmwasseraquarium verfügt, oder wem die Sonne das Wasser auf 30 °C aufheizt, der erhält bei guter Belichtung Riesenexemplare mit einer reichen Seitentriebbildung.

Überwinterung

Mit Beginn der Winterknospenbildung muß man die Temperatur auf etwa 5 °C senken. Während vorn die Knospe wächst und schwillt, beginnt die Pflanze von hinten her abzusterben: Die einzelnen Quirle werden braun, lösen sich ab und sinken zu Boden. Die Winterknospen (Hibernakel)

sind gestauchte, mit Stärke angereicherte Sprosse, umhüllt von derben Knospenschuppen. Ab Ende September werden sie von den Blattquirlen abgestoßen, sie sinken nach unten und überwintern auf dem Bodengrund. Im Frühjahr steigen sie wieder zur Wasseroberfläche, treiben aus und bilden reichbeblätterte Sprosse.

Utricularia (Wasserschlauch)

Die weltweit verbreiteten Utricularien bilden mit etwa 275 Arten die größte Insektivoren-Gattung. Die ganz oder halb im Wasser lebenden Kräuter finden sich selbst in den Zisternen epiphytischer Bromelien und zwischen Moosen. Biologisch betrachtet zerfallen die Utricularien in Land- und Wasserbewohner. Die Landpflanzen (Bild 27) sind in der Lage, an feuchten Stellen Wasserformen zu bilden.

Der Gattungsname *Utricularia* (lat. utriculus = kleiner Schlauch) nimmt Bezug auf die schlauchähnliche Gestalt der Fangblasen.

Die Blüten sitzen meist in lockeren, traubigen Blütenständen von verschiedener Größe und Farbe. In der Regel sind sie grundständig und langgestielt. Bei den untergetaucht lebenden Arten ragen die Blüten über die Wasseroberfläche hinaus. Die verwachsenblättrige Krone gleicht einem Löwenmäulchen: Sie setzt sich aus einer Ober- und Unterlippe und einem spitzen Sporn zusammen (Bild 16). Die Staubblätter sind dick und kurz, die Narbe ungleichzweilappig mit vielsamiger Kapsel.

Wasserbewohnende Utricularien

Der vegetative Aufbau unserer mitteleuropäischen Arten zeigt ausschließlich Wasserformen: flutende Stengel mit haarförmigen, blasenbesetzten Blättern. Die Fangblasen (Utrikel) sind umgewandelte Blattabschnitte oder ganz umgewandelte Blätter. Sie stehen zu mehreren am Blatt oder einzeln am Sproß (Bild 16).

Utricularia gibba ssp. exoleta (Zwergwasserschlauch)

Vorkommen: Tropisches Afrika, nördlich bis Algerien, tropisches Asien und Nord-Australien

Sehr dünne Stengel, im Wasser schwimmend oder auf schlammigem Boden kriechend. Blätter ein- oder mehrfach haarfein gabelig geteilt. An jedem Blatt bis zu 3 winzige Fangblasen. Blütenstiele 2–10 cm über der Wasseroberfläche mit 2–4 kleinen weißen oder gelben Blüten.

Für jedes tropische Aquarium geeignet. In sonnigen Lagen und bei Temperaturen über 18 °C bleibt die Pflanze das ganze Jahr über in Vegetation.

Utricularia minor (Kleiner Wasserschlauch)

Vorkommen: Zirkumpolar

Bildet bis zu 50 cm lange, zarte Stengel mit 7–22 wechselständigen, gabelteiligen Spitzen und 1–7 Fangblasen (Bild 49). Die Utrikeln können der Fischbrut gefährlich werden. 17 cm hoher Blütenstand mit 2–5 zitronengelben Blüten mit braungestreiftem Oberteil.

Liebt kühles, leicht saures Wasser von Torf- und Moorsümpfen.

Bild 49. *Utricularia minor.* Gefüllte Fangblase. Foto I. Weber

Utricularia vulgaris (Gemeiner Wasserschlauch)

Vorkommen: Zirkumpolar

Bildet bis 2 m lange Stengel, die große, vielfach gegabelte Blätter tragen. An jedem Blatt können mehr als 100 Fangblasen sitzen. Diese werden einige Millimeter lang und können der Fischbrut sehr gefährlich werden.

Wenn man die Pflanze aus dem Wasser hebt, kann man das Aufspringen der Fangblasen akustisch vernehmen (eigenartiges Knattern).

Blütenstand bis zu 50 cm hoch, 4–15 dottergelbe Blüten mit orangefarbenem Oberteil.

Utricularia vulgaris liebt weiches Wasser und will recht hell stehen.

Kulturansprüche

Die mitteleuropäischen *Utricularia*-Arten können an flachen und sonnigen Stellen des Seerosenteiches, im lichten Röhrichtbestand oder in Moortümpeln ausgesetzt werden. Im infusorienreichen Wasser entwickeln sie viele Fangblasen. Bei Mangel an tierischer Nahrung sind die Pflanzen geschwächt und kaum mit Utrikeln besetzt.

Jungpflanzenanzucht

Utricularien lassen sich generativ aus Samen und vegetativ durch Teilung (Bruchstücke) oder Winterknospen vermehren. Wo Samenbildung nicht möglich ist, kann man die Pflanze mühelos durch kleine Bruchstücke vermehren: Man bricht aus den dichten, unentwirrbaren Knäueln kleine Stücke heraus, die sich in wenigen Wochen zu langstieligen Exemplaren entwickeln.

Mit Beginn der kalten Jahreszeit bilden sich Winterknospen, die sich ablösen und zu Boden sinken. Diese Knospen sammelt man ein und bringt sie nach kühler Lagerung im Frühjahr in andere Becken und Aquarien.

Substrat und Düngung

In der Regel wachsen die *Utricularia*-Arten in weichem Wasser (8–10° dGH). Säuert man das Wasser durch einen Bodengrund aus Torf an und stehen den Fangblasen genügend Infusorien als Nahrung zur Verfügung, dann entwickeln sich die Pflanzen recht üppig. Die tierische Nahrung ist für die freischwimmenden Utricularien lebensnotwendig. Bei ungenügender Ernährung bringen die geschwächten Pflanzen immer kürzere Stengel und kleinere Blätter hervor, und die Utrikelbildung läßt nach.

Licht und Temperatur

Utricularien wollen viel Sonne und temperiertes Wasser.

Überwinterung

Die einheimischen *Utricularia*-Arten bilden im Herbst Winterknospen. Diese Hibernakel stellen Hemmungsbildungen von Laubsprossen dar. Die von derben Knospenschuppen umhüllten Winterknospen lösen sich im Herbst von der zerfallenden Mutterpflanze und sinken zu Boden. Dabei ertragen sie ein direktes Einfrieren. Bei hohen Temperaturen beginnen sie auch schon im Herbst auszutreiben.

Normalerweise lockern sich die Knospenblätter jedoch erst im Frühjahr, und die jungen Pflanzen steigen an die Wasseroberfläche empor.

Landformen und Epiphyten

Die landbewohnenden Utricularien lassen sich in ein unterirdisches Ausläufersystem und in lichtliebende Laubblätter differenzieren. Auf sumpfigem Boden bewegen sich die Pflanzen zwischen dem feinen Wurzelgeflecht anderer Pflanzen und bilden schlauchlose ,,Wurzelblätter'' und an der Spitze der Schlauchblätter kleine Blasen. In den ,,Achseln'' der ,,Wurzelblätter'' entstehen auffallende Blütenstände. Eine Unterscheidung von Sproß und Blatt ist nicht immer möglich.

Bei den epiphytischen Formen kriechen die Ausläufer zwischen Moos, und ihre Blätter wachsen in sproßähnliche Organe aus, die sich verzweigen und erneut Laubblätter, Sprosse und Blütenstände an einer Pflanze hervorbringen.

Utricularia alpina
Vorkommen: Gebirge der Antillen und Südamerikas
Epiphyt. Eiförmig-lanzettliche, gestielte Blätter und unterirdische „Wurzelblätter" mit knollenartig angeschwollenen Reservebehältern, die an ihrer Spitze kleine Schläuche tragen. Auf kräftigem Schaft 2–4 weiße Blüten mit gelbem Gaumen und spitzem Sporn.

Utricularia bicolor
Vorkommen: Brasilien
Vergleichsweise einfach gebaute Pflanze. Sie will nicht so feucht stehen. *Utricularia bicolor* entwickelt verhältnismäßig große Blasen mit langen Antennen und ein abwärts gekrümmtes Kinn.

Utricularia coerulea
Vorkommen: Indien
Die Unterseite der grasähnlichen, nach der Basis keilförmig verschmälerten Blätter trägt häufig ein Dutzend kurzer zylindrischer Ausläufer, an denen sich Blasen bilden. Andererseits können die Ausläufer an ihrer Spitze wieder in ein Blatt übergehen. Blütenschaft 5–10 cm hoch mit 3–6 kleinen purpurvioletten Blüten.
Dieser Typ ist mit zahlreichen Arten in den Tropen vertreten.

Utricularia dichotoma
Vorkommen: Tasmanien
Breitlanzettliche Laubblätter, „Wurzelblätter" und Ausläufer, die am unteren Teil des Stämmchens entspringen. Zwischen den Wurzelhaaren treten kurzgestielte Blasen auf. Das Stämmchen schließt nach oben mit großen violetten Blüten ab.

Utricularia endresii
Vorkommen: Costa Rica
Epiphyt. Ziemlich große, mehrere Zentimeter über dem Substrat hervorragende Blätter. Ausläufer dringen in das Substrat ein, Blätter fallen im Winter ab. Schaft mit 3–5 Blüten, die eine violette Oberlippe und eine weiße Unterlippe haben. Der Kelch ist rosa.

Utricularia ianthina
Vorkommen: Brasilien
Herzförmige, abgerundete, gewellte Blätter auf langen roten Stielen. Blüten in großen blaßvioletten Trauben.

Utricularia lateriflora
Vorkommen: Tasmanien
Gehört zu den höheren Landutricularien mit typischen Ausläufern, an denen Blätter, Blasen und Blüten auftreten. Bis 8 cm langer Blütenstand mit 1–2 leuchtendroten Blüten. Laubblätter am Grunde des Blütenstandes. Die stark verlängerten Blattstiele sind zweizeilig mit Blasen versehen.

Utricularia longifolia
Vorkommen: Brasilien
Epiphyt. Riemenförmige oder linealisch-lanzettliche Blätter ohne Utrikeln. Besitzen dünne, zylindrische, im Substrat kriechende Ausläufer mit zweizeilig angeordneten Blasen. Bis zu 10 dunkelviolette Blüten mit orangegelben Gaumen an kräftigen Schäften.

Utricularia modesta
Vorkommen: Brasilien (Mato Grosso)
Grundständige Blattrosette und Blasen, die nach Form und Größe Tridentatablasen gleichen. Gelbblühend.

Utricularia volubilis

Vorkommen: West-Australien

Lineare, 3 cm lange Laubblätter, schlauchlose „Wurzelblätter" und 10 cm langes unterirdisches Ausläufersystem. Blasen fallen durch ihre Größe auf. 30 cm lange, windende Blütenstände. Eingekerbte Oberlippe und 2,5 cm breite ungeteilte Unterlippe mit Sporn.

Jungpflanzenanzucht

Für eine vegetative Vermehrung durch Teilung wird bei den Landutricularien und Epiphyten durch die Bildung des unterirdischen Ausläufersystems reichlich gesorgt. Alle diese Utricularien sind wurzellos. Die langgestreckten „Wurzelblätter" zeigen lediglich eine Haarbildung, die in ihrer einfachen Form die Funktion von Wurzeln übernehmen.

Substrat und Düngung

Die epiphytischen *Utricularia*-Arten (*alpina, endresii, humboldtii, longifolia, maxima, nelumbifolia* und *reniformis*) werden in Holzkörbchen, Ampeln oder Topfschalen in eine der *Nepenthes*-Mischungen gepflanzt. Eine Zusatzernährung erfolgt durch die kleinen Schläuche, denen in infusorienreichen Substraten Kleintiere zum Opfer fallen.

Bei den Landformen durchzieht das unterirdische Ausläufersystem mit seinen „Wurzel"- und Schlauchblättern sehr gern sumpfigen Boden. Man pflanzt diese Arten deshalb auf faserige Torfsoden: Wenn sie flach in einem wassergefüllten Untersatz liegen, wird die Feuchtigkeit kapillar aufgesaugt. Dadurch wird ein optimaler Wasserverteilungsgrad erreicht.

Licht und Temperatur

Die epiphytischen Utricularien gehören in ein helles, jedoch vor Sonne geschütztes Warmhaus. Die Landformen vertragen mehr Licht.

Die Luftfeuchtigkeit wird bei einer Heizwärme von 20−25 °C zwischen 70 und 90 % gehalten.

Polypompholyx

Die Gattung *Polypompholyx* kommt mit ihren beiden Arten *Polypompholyx multifida* und *Polypompholyx tenella* im Süden und Westen von Australien vor. *Polypompholyx multifida* bewohnt zusammen mit *Polypompholyx tenella* den Westen. Die letztere Art findet man aber auch in Südaustralien und Victoria.

Der deutsche Botaniker und Direktor des Botanischen Gartens Hamburg, J. G. Ch. Lehmann (1792−1860), benannte diese Gattung aufgrund ihrer zahlreichen Fangblasen (Bild 17) *Polypompholyx* (griech. poly = viel, pompholyx = Blase).

Beide *Polypompholyx*-Arten befinden sich noch nicht in Kultur. Angemessene Pflegehinweise sind deshalb nicht möglich.

Polypompholyx multifida und *Polypompholyx tenella* sind einjährige, wurzellose, landbewohnende Rosettenpflanzen mit kleinen Blättern, die sich zur runden Spitze hin verbreitern. Den Laubblättern stehen die subterranen „Wurzelblätter" mit *Utricularia*-ähnlichen Schläuchen gegenüber. Die verhältnismäßig kleinen *Polypompholyx-multifida*-Pflanzen entwickeln einen 10−20 cm langen Schaft mit rosa Blüten, die man von den Utricularien nur durch die auffälligen 4 Kelchblätter unterscheiden kann. Von diesen 4 Kelchblättern stellen die beiden in der Mitte stehenden echte Kelchblätter dar, während die beiden seitlich stehenden blumenartig ausgeprägt sind. Die kleine Kronoberlippe setzt sich in einer breiten Kronunterlippe mit kegelförmigem Sporn fort. Quergemessen beträgt die Größe der Blüte von *Polypompholyx multifida* 2,5 cm, die von *Polypompholyx tenella* etwa 6 mm.

Biovularia

Die wasserbewohnende Gattung *Biovularia* setzt sich aus den 3 Arten: *Biovularia olivacea* aus Kuba, *Biovularia minima* und *Biovularia brasiliensis* aus Brasilien zusammen.
Der Gattungsname bedeutet „Zweieiige" (bi = zwei, ovula = Eiknospe) und rührt von den zwei Samenanlagen her.
Die 3 *Biovularia*-Arten sind stark reduzierte Utricularien, die wie ein kleiner Wasserschlauch frei schwimmend gehalten werden. Sie bilden spornlose, ausgeprägt zygomorphe Blüten, bei denen der Blütenstand auf eine Blüte reduziert ist.

Genlisea

Die Gattung *Genlisea* ist zu beiden Seiten des Atlantiks mit 29 Arten vertreten:
Brasilien: (12) *Genlisea aurea, Genlisea biloba, Genlisea cylindrica, Genlisea filiformis, Genlisea luetzelburgii, Genlisea minor, Genlisea ornata, Genlisea pusilla, Genlisea pygmaea, Genlisea reflexa, Genlisea repens* und *Genlisea violacea.*
Venezuela: (4) *Genlisea esmeraldae, Genlisea glabra, Genlisea nigrocaulis, Genlisea sanariapoana.*
Guayana: (3) *Genlisea anfractuosa, Genlisea guianensis* und Genlisea pulchella.
Kuba: (1) *Genlisea luteo-viridis.*
Trinidad: (1) *Genlisea oxycentron.*
N-Rhodesien: (3) *Genlisea glandulosissima, Genlisea margaretae* und *Genlisea subviridis.*
Tropisches Afrika: (2) *Genlisea africana* und *Genlisea subglabra.*
Guinea: (1) *Genlisea stapfii.*
Angola: (1) *Genlisea angolensis.*
Madagaskar: (1) *Genlisea recurva.*

Saint-Hilaire (1779–1853), ein französischer Botaniker, der die Gattung 1833 beschrieb, benannte sie nach der französischen Schriftstellerin Comtesse de Genlis (1746–1831).
Die *Genlisea*-Arten befinden sich noch nicht in Kultur. Eingehende Pflegehinweise lassen sich daher kaum geben, und die Darstellung kann sich nur auf die Beschreibung der Gattung beschränken.
Genlisea-Arten sind Rosettenpflanzen, die untergetaucht im Wasser oder auf feuchtnassem, sumpfigem Boden, der zeitweilig überschwemmt ist, leben. Lediglich der traubige Blütenstand steht über dem Wasserspiegel. Aus der Mitte eines schwachgewölbten Vegetationspunktes erhebt sich der Blütenstand mit Schuppenblättern und Brakteen. Die blauen oder gelben Blüten gliedern sich in Oberlippe (mehr oder we-

niger ungeteilt), Unterlippe (dreilappig) und Sporn (walzig-kegelig, stumpfspitzlich).

Die hochspezialisierte *Genlisea* zeichnet sich durch rosettig angeordnete, löffelförmige (Bild 18) oder lineare Laubblätter und mehr oder weniger fadenförmige Fallenblätter aus. Die Fallenblätter dringen aktiv in das Substrat ein und fangen die im feuchten Sand lebenden Kleintiere.

Erklärung einiger Fachausdrücke

Abmoosen Einbinden von Schnittwunden mit Sumpfmoos oder Torf. Nach der Wurzelbildung abtrennen von der Mutterpflanze und einpflanzen

Absenken Vegetative Vermehrungsmethode durch Bedecken der Triebe mit Substrat

Adventivsprosse Triebe, die an ungewöhnlichen Stellen entstehen

animalisch Tierisch

axillar Achsel-, winkelständig

Biotop Lebensraum

Brakteen Deckblätter, Hochblätter

Brutknospen Zwiebel- oder knollenartige Knospen, die sich von der Mutterpflanze loslösen und zu neuen Pflanzen heranwachsen

chasmogam Bestäubung bei geöffneter Blüte

Einheitserde P Pikiererde mit einem hohen Torfanteil unter Verwendung von anorganischen Düngern

Enzym Organische Katalysatoren, die chemische Reaktionen auslösen, ohne dabei verändert oder verbraucht zu werden

Epidermis Oberhaut

Epiphyt Pflanze, die auf anderen Pflanzen wächst, sich jedoch selbständig ernährt

Habitus Erscheinungsbild der Pflanze

heterotroph Auf organische Nahrung angewiesene Organismen

holarktisches Florenreich Nördliche gemäßigte und kalte Zone

Infloreszenzen Blütenstände aus mehreren Blüten

Insektivoren Insektenfressende Pflanzen

Internodien Stengelstück zwischen zwei Blattansätzen

kleistogam Blüten, die sich im geschlossenen Zustand selbst bestäuben

Kohäsion Der innere Zusammenhalt der Moleküle eines Körpers

Liane Schlingpflanze

monotypisch Gattung mit nur einer Art

morphologisch Die äußere Gestalt betreffend

Mykorrhiza Symbiose zwischen den Wurzeln höherer Pflanzen und Pilzen

neotropisch Tropen der Neuen Welt, die zum Teil auch noch subtropische Gebiete umfaßt

organisch Belebt, lebendig

Peptone Hochmolekulare, wasserlösliche Abbaustufen der Eiweißkörper

Perlite Vulkanisches Gestein, durch Erhitzen porosiert. pH 7,5–8,0. Hält Wasser und Nährstoffe fest. Wird in feiner und grober Körnung geliefert

pH-Wert Der pH-Wert bezeichnet die Wasserstoff-Ionen-Konzentration, die zur Kennzeichnung des Säurezustandes eines Bodens durch Zahlen mit dem Vorzeichen pH angegeben wird.
So bedeuten:
pH 7 = neutral, kalkgesättigt
pH 7−1 = sauer, mäßiger Kalkgehalt bis kalkarm
pH 7−10 = alkalisch, kalkreich

Resorption Ein- oder Aufsaugen

Sekretion Absonderung

sezernieren Absondern

Stomata Spaltöffnungen

Styromull Weißflockiges Material aus aufgeschäumtem Polystyrol

submers Untergetaucht, unter Wasser lebend

Substrat Im gärtnerischen Sprachgebrauch Bezeichnung für Erden, Erdgemische und Pflanzstoffe

subterraneus Unterirdisch

Synthese Zusammenfügung einzelner Teile zu einem Ganzen

Tentakel Fang- oder Verdauungshaar Fleischfressender Pflanzen

terminal Endständig

terrestrisch Erdbewohnend

TKS 1 Mit Kalk und Volldünger aufbereiteter Hochmoortorf aus Norddeutschland (Floratorf) mit einem pH-Wert um 5 und 1,5 g Dünger pro Liter

Torf Weißtorf, Hochmoortorf, Floratorf. Stark sauer (pH 3,0−3,5) und nährstoffarm

tridentatus Dreizähnig

Utrikel Fangblase

Vermiculit Magnesiumhaltige Glimmerart, die sich durch Erhitzen ausgedehnt hat. Porös mit guter wasserhaltender Kraft und alkalischer Reaktion

Volldünger Dünger mit wenigstens den Hauptnährstoffen Stickstoff, Phosphor und Kali

zirkumpolar Alle Kontinente der nördlichen gemäßigten und kalten Zone

zygomorph Form mit nur einer Längsachse

Bezugsquellen

J. Eschmann, Alpengarten, CH-6032 Emmen
Kapiteijn und Zoonen „NIMMER DOR", N-2132 GT Hillegom
E. Maier, Botanische Spezialitäten, Hansell 155, D-4401 Altenberge

Blumen-Nothhelfer, Gottfried-Renn-Weg 4, D-6720 Speyer am Rhein
Harald Weiner, Ing. grad., Kaiserstraße 74, D-3250 Hameln 1
Wichmann Orchideen, Tannholzweg 1−3, D-3100 Celle − OT Groß Hehlen

Register